全国“八五”普法
普法知识题集系列 9



# 农村“两委”

NONGCUN “LIANGWEI”

## 普法知识题集

PUFA ZHISHI TIJI

中国法制出版社
CHINA LEGAL PUBLISHING HOUSE

图书在版编目（CIP）数据

农村“两委”普法知识题集/中国法制出版社编．—北京：中国法制出版社，2021.6

（普法知识题集系列）

ISBN 978－7－5216－1752－8

Ⅰ．①农…　Ⅱ．①中…　Ⅲ．①法律－中国－习题集　Ⅳ．①D92－44

中国版本图书馆 CIP 数据核字（2021）第 049387 号

策划统筹　胡　斌　唐　鹍

责任编辑　唐　鹍　　　　封面设计　李　宁

农村“两委”普法知识题集

NONGCUN “LIANGWEI” PUFA ZHISHI TIJI

编者/中国法制出版社

经销/新华书店

印刷/三河市紫恒印装有限公司

开本/880 毫米×1230 毫米　32 开　　　　印张/ 7.75　字数/ 185 千

版次/2021 年 6 月第 1 版　　　　2021 年 6 月第 1 次印刷

中国法制出版社出版

书号 ISBN 978－7－5216－1752－8　　　　定价：32.00 元

北京西单横二条 2 号

邮政编码 100031　　　　传真：010－66031119

网址：http：//www.zgfzs.com　　　　编辑部电话：010－66066820

市场营销部电话：010－66033393　　　　邮购部电话：010－66033288

（如有印装质量问题，请与本社印务部联系调换。电话：010－66032926）

# 编辑说明

当前，我国已开启全面建设社会主义现代化国家新征程，进入新发展阶段。通过开展“八五”普法，使公民法治素养和社会治理法治化水平显著提升，形成全社会尊法学法守法用法的良好氛围。多层次多领域依法治理深入推进，全社会办事依法、遇事找法、解决问题用法、化解矛盾靠法的法治环境显著改善。

提升公民法治素养是全民普法的主要目标，也是全面依法治国的迫切要求，要突出重点对象，分层分类指导。实行公民终身法治教育制度，把法治教育纳入干部教育体系、国民教育体系、社会教育体系，不断提升全体公民法治意识和法治素养。坚持学用结合、普治并举。注重在立法、执法、司法和法律服务过程中开展实时普法，把普法深度融入立法、执法、司法和法律服务全过程，把普法融入法治实践、基层治理和日常生活。

为配合“八五”普法工作需要，我们组织编写了“普法知识题集系列丛书”。定位普法，覆盖公民、国家工作人员、领导干部、青少年、企业人员等，题型丰富、解析精准、难度适中，从试题角度为普法工作学习提供检验测试工具。丛书具有以下特点：

一、题型丰富。题型涵盖判断题、单选题、多选题、填空题、简答题，完备系统。

二、解析精准。习题均附有参考答案，解析有法律条文做依据，精准可靠。部分判断题、填空题的解析出于节省篇幅考虑，只列出答案和条文序号。

三、难度适中。习题设置避免难题、偏题、怪题，以突出应知应会和重点条文为出发点设置。

本丛书既适合机关、团体、学校、企业、事业单位等组织相关培训配套使用，也适合有学习需求的广大读者阅读。希望本丛书的出版能够有助于引导广大读者养成自觉守法的意识，形成遇事找法的习惯，培养解决问题靠法的意识和能力。为建设信仰法治、公平正义、保障权利、守法诚信、充满活力、和谐有序的社会主义法治社会贡献一份力量。

由于时间和水平有限，不足之处在所难免，敬请广大读者批评指正。

中国法制出版社

2021 年 6 月

# 目录

# 一、中国共产党章程

## （一）判断题

1. 年满16岁的中国工人、农民、军人、知识分子和其他社会阶层的先进分子，承认党的纲领和章程，愿意参加党的一个组织并在其中积极工作、执行党的决议和按期交纳党费的，可以申请加入中国共产党。(　　)
2. 中国共产党党员可以谋求自己的私利。(　　)
3. 党的最高组织有权剥夺党员的八项权利。(　　)
4. 申请入党的人，要填写入党志愿书，要有3名正式党员作介绍人，要经过支部大会通过和上级党组织批准，并且经过预备期的考察，才能成为正式党员。(　　)
5. 上级党组织在批准申请人入党以前，要派人同他谈话，作进一步的了解，并帮助他提高对党的认识。(　　)
6. 党的中央和省、自治区、直辖市委员会不可以直接接收党员。(　　)
7. 每个党员，不论职务高低，都必须编入党的一个支部、小组或其他特定组织，参加党的组织生活，接受党内外群众的监督。(　　)
8. 党员没有退党的自由。(　　)
9. 任何组织和个人不得以任何方式强迫选举人选举或不选举某个人。(　　)

## （二）单项选择题

1. 中国共产党党员是中国工人阶级的有共产主义觉悟的(　　)。

   A. 模范战士　　B. 先锋战士

   C. 先锋榜样　　D. 坚定的共产主义追随者

2. 发展党员，必须把政治标准放在首位，经过党的支部，坚持(　　)的原则。

   A. 个别吸收　　B. 民主投票

C. 差额选举　　D. 等额选举

3. 预备党员的预备期为(　　)年。党组织对预备党员应当认真教育和考察。

A. 1　　B. 2

C. 3　　D. 5

4. 预备党员的义务同正式党员一样。预备党员的权利，除了没有(　　)、选举权和被选举权以外，也同正式党员一样。

A. 执行权　　B. 领导权

C. 表决权　　D. 组织权

5. 预备党员的预备期，从(　　)通过他为预备党员之日算起。党员的党龄，从预备期满转为正式党员之日算起。

A. 支部委员会　　B. 党员主任

C. 中国共产党党员委员会　　D. 支部大会

6. 党员如果没有正当理由，连续(　　)个月不参加党的组织生活，或不交纳党费，或不做党所分配的工作，就被认为是自行脱党。支部大会应当决定把这样的党员除名，并报上级党组织批准。

A. 3　　B. 6

C. 9　　D. 12

## （三）多项选择题

1. 党的中央和地方各级委员会在必要时召集代表会议，讨论和决定需要及时解决的重大问题。代表会议代表的(　　)，由召集代表会议的委员会决定。

A. 男女比例　　B. 名额

C. 产生办法　　D. 年龄限制

2. 党的下级组织必须坚决执行上级组织的决定。下级组织如果认为上级组织的决定不符合(　　)的实际情况，可以请求改变；如果上级组织坚持原决定，下级组织必须执行，并不得公开发表不同意见，但有权向再上一级组织报告。

A. 本地区　　B. 本组织

C. 本部门　　D. 本组织党员

3. 党的(　　)组织，都必须重视党的建设，经常讨论和检查党的宣传工作、教育工作、组织工作、纪律检查工作、群众工作、统一战线工作等，注意研究党内外的思想政治状况。

A. 本级　　B. 中央

C. 地方　　D. 基层

4. 党的全国代表大会的职权包括：(　　)。

A. 听取和审查中央委员会的报告

B. 讨论并决定党的重大问题

C. 修改党的章程

D. 选举中央纪律检查委员会

## （四）填空题

1. 中国共产党是____的先锋队，同时是中国人民和中华民族的先锋队，是中国特色社会主义事业的领导核心，代表中国先进生产力的发展要求，代表中国先进文化的前进方向，代表____的根本利益。党的最高理想和最终目标是____。

2. ____是马克思列宁主义在中国的运用和发展，是被实践证明了的关于中国革命和建设的正确的理论原则和经验总结，是中国共产党集体智慧的结晶。

3. ____是对马克思列宁主义、毛泽东思想、邓小平理论的继承和发展，反映了当代世界和中国的发展变化对党和国家工作的新要求，是加强和改进党的建设、推进我国社会主义自我完善和发展的强大理论武器，是中国共产党集体智慧的结晶，是党必须长期坚持的指导思想。

4. 中国共产党在领导社会主义事业中，必须坚持以____为中心，其他各项工作都服从和服务于这个中心。

5. 党员缺乏____，不履行____，不符合党员条件，党的支部应当对他进行教育，要求他限期改正；经教育仍无转变的，应当劝他退党。

6. 党的各级代表大会的代表和委员会的产生，要体现选举人的意志。选举采用____的方式。

7. 党的全国代表会议的职权是：讨论和决定重大问题；____中央委员会、

中央纪律检查委员会的部分成员。调整和增选中央委员及候补中央委员的数额，不得超过党的全国代表大会选出的中央委员及候补中央委员各自总数的____。

## （五）简答题

1. 简述改革开放以来我们取得一切成绩和进步的根本原因。
2. 简述党员享有的权利。
3. 请写出入党誓词。
4. 简述党的民主集中制的基本原则。

# 参考答案

### （一）判断题

1. ×，解析：根据《中国共产党章程》第1条规定：“年满十八岁的中国工人、农民、军人、知识分子和其他社会阶层的先进分子，承认党的纲领和章程，愿意参加党的一个组织并在其中积极工作、执行党的决议和按期交纳党费的，可以申请加入中国共产党。”
2. ×，解析：根据《中国共产党章程》第2条第3款规定：“除了法律和政策规定范围内的个人利益和工作职权以外，所有共产党员都不得谋求任何私利和特权。”
3. ×，解析：根据《中国共产党章程》第4条第2款规定：“党的任何一级组织直至中央都无权剥夺党员的上述权利。”
4. ×，解析：根据《中国共产党章程》第5条第2款规定：“申请入党的人，要填写入党志愿书，要有两名正式党员作介绍人，要经过支部大会通过和上级党组织批准，并且经过预备期的考察，才能成为正式党员。”
5. √，解析：根据《中国共产党章程》第5条第5款。
6. ×，解析：根据《中国共产党章程》第5条第6款规定：“在特殊情况下，党的中央和省、自治区、直辖市委员会可以直接接收党员。”
7. √，解析：根据《中国共产党章程》第8条。
8. ×，解析：根据《中国共产党章程》第9条第1款规定：“党员有退党的自由。党员要求退党，应当经支部大会讨论后宣布除名，并报上级党组织备案。”

9. √，解析：根据《中国共产党章程》第 11 条第 1 款。

（二）单项选择题

1. B，解析：根据《中国共产党章程》第 2 条第 1 款规定："中国共产党党员是中国工人阶级的有共产主义觉悟的先锋战士。"
2. A，解析：根据《中国共产党章程》第 5 条第 1 款规定："发展党员，必须把政治标准放在首位，经过党的支部，坚持个别吸收的原则。"
3. A，解析：根据《中国共产党章程》第 7 条第 1 款规定："预备党员的预备期为一年。党组织对预备党员应当认真教育和考察。"
4. C，解析：根据《中国共产党章程》第 7 条第 2 款规定："预备党员的义务同正式党员一样。预备党员的权利，除了没有表决权、选举权和被选举权以外，也同正式党员一样。"
5. D，解析：根据《中国共产党章程》第 7 条第 4 款规定："预备党员的预备期，从支部大会通过他为预备党员之日算起。党员的党龄，从预备期满转为正式党员之日算起。"
6. B，解析：根据《中国共产党章程》第 9 条第 3 款规定："党员如果没有正当理由，连续六个月不参加党的组织生活，或不交纳党费，或不做党所分配的工作，就被认为是自行脱党。支部大会应当决定把这样的党员除名，并报上级党组织批准。"

（三）多项选择题

1. BC，解析：根据《中国共产党章程》第 12 条规定："党的中央和地方各级委员会在必要时召集代表会议，讨论和决定需要及时解决的重大问题。代表会议代表的名额和产生办法，由召集代表会议的委员会决定。"
2. AC，解析：根据《中国共产党章程》第 16 条第 2 款规定："党的下级组织必须坚决执行上级组织的决定。下级组织如果认为上级组织的决定不符合本地区、本部门的实际情况，可以请求改变；如果上级组织坚持原决定，下级组织必须执行，并不得公开发表不同意见，但有权向再上一级组织报告。"
3. BCD，解析：根据《中国共产党章程》第 18 条规定："党的中央、地方和基层组织，都必须重视党的建设，经常讨论和检查党的宣传工作、教育工作、组织工作、纪律检查工作、群众工作、统一战线工作等，注意研究党内外的思想政治状况。"
4. ABCD，解析：根据《中国共产党章程》第 20 条规定："党的全国代表大会的职权是：（一）听取和审查中央委员会的报告；（二）审查中央纪律检查委员会的报告；（三）讨论并决定党的重大问题；（四）修改党的章程；（五）选举中央委员会；（六）选举中央纪律检查委员会。”

**（四）填空题**

1. 中国工人阶级；中国最广大人民；实现共产主义。（《中国共产党章程》总纲）
2. 毛泽东思想。（《中国共产党章程》总纲）
3. “三个代表”重要思想。（《中国共产党章程》总纲）
4. 经济建设。（《中国共产党章程》总纲）
5. 革命意志；党员义务。（《中国共产党章程》第9条第2款）
6. 无记名投票。（《中国共产党章程》第11条第1款）
7. 调整和增选；1/5。（《中国共产党章程》第21条）

**（五）简答题**

1. 答：《中国共产党章程》总纲规定：“改革开放以来我们取得一切成绩和进步的根本原因，归结起来就是：开辟了中国特色社会主义道路，形成了中国特色社会主义理论体系，确立了中国特色社会主义制度，发展了中国特色社会主义文化。”
2. 答：《中国共产党章程》第4条规定：“党员享有下列权利：（一）参加党的有关会议，阅读党的有关文件，接受党的教育和培训。（二）在党的会议上和党报党刊上，参加关于党的政策问题的讨论。（三）对党的工作提出建议和倡议。（四）在党的会议上有根据地批评党的任何组织和任何党员，向党负责地揭发、检举党的任何组织和任何党员违法乱纪的事实，要求处分违法乱纪的党员，要求罢免或撤换不称职的干部。（五）行使表决权、选举权，有被选举权。（六）在党组织讨论决定对党员的党纪处分或作出鉴定时，本人有权参加和进行申辩，其他党员可以为他作证和辩护。（七）对党的决议和政策如有不同意见，在坚决执行的前提下，可以声明保留，并且可以把自己的意见向党的上级组织直至中央提出。（八）向党的上级组织直至中央提出请求、申诉和控告，并要求有关组织给以负责的答复。党的任何一级组织直至中央都无权剥夺党员的上述权利。”
3. 答：《中国共产党章程》第6条规定：“预备党员必须面向党旗进行入党宣誓。誓词如下：我志愿加入中国共产党，拥护党的纲领，遵守党的章程，履行党员义务，执行党的决定，严守党的纪律，保守党的秘密，对党忠诚，积极工作，为共产主义奋斗终身，随时准备为党和人民牺牲一切，永不叛党。”

4. 答：《中国共产党章程》第10条规定："党的民主集中制的基本原则是：（一）党员个人服从党的组织，少数服从多数，下级组织服从上级组织，全党各个组织和全体党员服从党的全国代表大会和中央委员会。（二）党的各级领导机关，除它们派出的代表机关和在非党组织中的党组外，都由选举产生。（三）党的最高领导机关，是党的全国代表大会和它所产生的中央委员会。党的地方各级领导机关，是党的地方各级代表大会和它们所产生的委员会。党的各级委员会向同级的代表大会负责并报告工作。（四）党的上级组织要经常听取下级组织和党员群众的意见，及时解决他们提出的问题。党的下级组织既要向上级组织请示和报告工作，又要独立负责地解决自己职责范围内的问题。上下级组织之间要互通情报、互相支持和互相监督。党的各级组织要按规定实行党务公开，使党员对党内事务有更多的了解和参与。（五）党的各级委员会实行集体领导和个人分工负责相结合的制度。凡属重大问题都要按照集体领导、民主集中、个别酝酿、会议决定的原则，由党的委员会集体讨论，作出决定；委员会成员要根据集体的决定和分工，切实履行自己的职责。（六）党禁止任何形式的个人崇拜。要保证党的领导人的活动处于党和人民的监督之下，同时维护一切代表党和人民利益的领导人的威信。"

# 二、中国共产党农村工作条例

## （一）判断题

1. 党中央全面领导农村工作，统一制定农村工作大政方针，统一谋划农村发展重大战略，统一部署农村重大改革。（　　）
2. 省（自治区、直辖市）省委应当定期研究本地区农村工作，定期听取农村工作汇报，决策农村工作重大事项，召开农村工作会议，制定出台农村工作政策举措，抓好重点任务分工、重大项目实施、重要资源配置等工作。（　　）
3. 市级以上地方党委应当设立农村工作领导小组，省市级农村工作领导小组一般由同级党委副书记任组长，县级农村工作领导小组由县委书记任组长，其成员由党委和政府有关负责人以及相关部门主要负责人组成。（　　）
4. 健全村党组织领导下的议事决策机制、监督机制，建立健全村务监督委员会，村级重大事项决策实行“四议两公开”。（　　）

## （二）单项选择题

1. 党中央设立（　　），在中央政治局及其常务委员会的领导下开展工作，对党中央负责，向党中央和总书记请示报告工作。

   A. 党中央农村工作领导小组

   B. 最高农村工作领导小组

   C. 中共中央农村工作领导小组

   D. 中央农村工作领导小组

2. 中央农村工作领导小组各成员单位应当加强对本单位本系统农村工作的领导，落实职责任务，加强部门协同，形成（　　）。

   A. 农村工作积极性　　B. 农村发展动力

   C. 农村工作合力　　D. 农村工作蓬勃发展之状

3. 县（市、区、旗）党委处于党的农村工作前沿阵地，应当结合本地区实际，制定具体管用的工作措施，建立健全职责清晰的责任体系，贯彻落实(　　)以及上级党委关于农村工作的要求和决策部署。

A. 乡政府　　B. 县政府

C. 党中央　　D. 省委

4. (　　)应当把主要精力放在农村工作上，深入基层调查研究，加强统筹谋划，狠抓工作落实。

A. 乡县书记　　B. 村支书

C. 居委会主任　　D. 县委书记

5. 加强党对农村(　　)的领导。牢固树立和践行绿水青山就是金山银山的发展理念，统筹山水林田湖草系统治理，促进农业绿色发展，加强农村生态环境保护，改善农村人居环境，建设生态宜居美丽乡村。

A. 生态文明建设　　B. 绿色文明建设

C. 农业生态环境建设　　D. 生态文明保护

6. 各级党委应当推动全面从严治党向基层延伸，深入推进农村党风廉政建设，加强农村纪检监察工作，把落实农村政策情况作为巡视巡察重要内容，建立健全农村权力运行监督制度，持续整治侵害农民利益的(　　)和群众身边的腐败问题。

A. 不正之风　　B. 不义之风

C. 腐败之风　　D. 懈怠之风

## （三）多项选择题

1. 为了坚持和加强党对农村工作的全面领导，贯彻党的(　　)，深入实施乡村振兴战略，提高新时代党全面领导农村工作的能力和水平，根据《中国共产党章程》，制定《中国共产党农村工作条例》。

A. 基本纲领　　B. 基本理论

C. 基本路线　　D. 基本方略

2. 坚持把解决好“三农”问题作为全党工作重中之重，把解决好吃饭问题作为治国安邦的头等大事，坚持农业农村优先发展，坚持多予少取放活，推动城乡融合发展，集中精力做好(　　)工作，走共同富裕道路。

A. 脱贫攻坚　　B. 防贫减贫

C. 扶贫脱贫　　D. 防止返贫

3. 中央农村工作领导小组发挥农村工作(　　)等作用，定期分析农村经济社会形势，研究协调“三农”重大问题，督促落实党中央关于农村工作重要决策部署。

A. 踏实前进　　B. 统一协调

C. 牵头抓总　　D. 统筹协调

4. 市（地、州、盟）党委应当把农村工作摆上重要议事日程，做好(　　)、督促检查工作，发挥好以市带县作用。

A. 上下衔接　　B. 合作互助

C. 共赢互利　　D. 域内协调

5. 加强党对农村经济建设的领导。巩固和加强农业基础地位，实施(　　)战略，严守耕地红线，确保谷物基本自给、口粮绝对安全。

A. 藏富于民　　B. 藏粮于地

C. 藏粮于技　　D. 藏富于农

6. 完善基层民主制度，深化村民自治实践，健全村党组织领导的充满活力的村民自治机制，丰富基层民主协商形式，保证农民依法实行(　　)、民主监督。

A. 民主选举　　B. 民主协商

C. 民主决策　　D. 民主管理

7. 建立健全党委领导、政府负责、社会协同、公众参与、法治保障、科技支撑的现代乡村社会治理体制，健全党组织领导下的(　　)相结合的乡村治理体系，建设充满活力、和谐有序的乡村社会。

A. 自治　　B. 法治

C. 德治　　D. 政治

8. 村党组织书记应当通过法定程序担任村民委员会主任和村级(　　)负责人，推行村“两委”班子成员交叉任职。

A. 个体工商户　　B. 集体经济组织

C. 农业合作社　　D. 合作经济组织

## （四）填空题

1. ____问题是关系国计民生的根本性问题。
2. 实行____、省负总责、市县乡抓落实的农村工作领导体制。
3. 中央农村工作领导小组下设____，承担中央农村工作领导小组日常事务。
4. 各级党委应当完善农村工作领导决策机制，注重发挥人大代表和政协委员作用，注重发挥智库和专业研究机构作用，提高____水平。
5. 深化____改革，构建现代农业产业体系、生产体系、经营体系，促进农村一二三产业融合发展，发展壮大农村集体经济，促进农民持续增收致富。坚决打赢脱贫攻坚战，巩固和扩大脱贫攻坚成果。
6. 加强农村党的建设。以提升____为重点，突出政治功能，把农村基层党组织建设成为宣传党的主张、贯彻党的决定、领导基层治理、团结动员群众、推动改革发展的坚强战斗堡垒，发挥党员先锋模范作用。

## （五）简答题

1. 简述党的农村工作必须遵循的原则。
2. 简述农村改革的出发点和落脚点。

# 参考答案

### （一）判断题

1. √，解析：根据《中国共产党农村工作条例》第 6 条。
2. ×，解析：根据《中国共产党农村工作条例》第 8 条规定："省（自治区、直辖市）党委应当定期研究本地区农村工作，定期听取农村工作汇报，决策农村工作重大事项，召开农村工作会议，制定出台农村工作政策举措，抓好重点任务分工、重大项目实施、重要资源配置等工作。"
3. ×，解析：根据《中国共产党农村工作条例》第 11 条规定："县级以上地方党委应当设立农村工作领导小组，省市级农村工作领导小组一般由同级党委副书记任组长，县级农村工作领导小组由县委书记任组长，其成员由党委和政府有关负责人以及相关部门主要负责人组成。"
4. √，解析：根据《中国共产党农村工作条例》第 19 条规定。

（二）单项选择题

1. D，解析：根据《中国共产党农村工作条例》第7条第1款规定：“党中央设立中央农村工作领导小组，在中央政治局及其常务委员会的领导下开展工作，对党中央负责，向党中央和总书记请示报告工作。”
2. C，解析：根据《中国共产党农村工作条例》第7条第3款规定：“中央农村工作领导小组各成员单位应当加强对本单位本系统农村工作的领导，落实职责任务，加强部门协同，形成农村工作合力。”
3. C，解析：根据《中国共产党农村工作条例》第10条规定：“县（市、区、旗）党委处于党的农村工作前沿阵地，应当结合本地区实际，制定具体管用的工作措施，建立健全职责清晰的责任体系，贯彻落实党中央以及上级党委关于农村工作的要求和决策部署。县委书记应当把主要精力放在农村工作上，深入基层调查研究，加强统筹谋划，狠抓工作落实。”
4. D，解析：根据《中国共产党农村工作条例》第10条规定：“县（市、区、旗）党委处于党的农村工作前沿阵地，应当结合本地区实际，制定具体管用的工作措施，建立健全职责清晰的责任体系，贯彻落实党中央以及上级党委关于农村工作的要求和决策部署。县委书记应当把主要精力放在农村工作上，深入基层调查研究，加强统筹谋划，狠抓工作落实。”
5. A，解析：根据《中国共产党农村工作条例》第18条规定：“加强党对农村生态文明建设的领导。牢固树立和践行绿水青山就是金山银山的发展理念，统筹山水林田湖草系统治理，促进农业绿色发展，加强农村生态环境保护，改善农村人居环境，建设生态宜居美丽乡村。”
6. A，解析：根据《中国共产党农村工作条例》第19条第2款规定：“各级党委应当推动全面从严治党向基层延伸，深入推进农村党风廉政建设，加强农村纪检监察工作，把落实农村政策情况作为巡视巡察重要内容，建立健全农村权力运行监督制度，持续整治侵害农民利益的不正之风和群众身边的腐败问题。”

（三）多项选择题

1. BCD，解析：根据《中国共产党农村工作条例》第1条规定：“为了坚持和加强党对农村工作的全面领导，贯彻党的基本理论、基本路线、基本方略，深入实施乡村振兴战略，提高新时代党全面领导农村工作的能力和水平，根据《中国共产党章程》，制定本条例。”
2. AB，解析：根据《中国共产党农村工作条例》第3条规定：“农业农村农民

（以下简称“三农”）问题是关系国计民生的根本性问题。坚持把解决好“三农”问题作为全党工作重中之重，把解决好吃饭问题作为治国安邦的头等大事，坚持农业农村优先发展，坚持多予少取放活，推动城乡融合发展，集中精力做好脱贫攻坚、防贫减贫工作，走共同富裕道路。”

3. CD，解析：根据《中国共产党农村工作条例》第 7 条第 2 款规定：“中央农村工作领导小组发挥农村工作牵头抓总、统筹协调等作用，定期分析农村经济社会形势，研究协调‘三农’重大问题，督促落实党中央关于农村工作重要决策部署。”

4. AD，解析：根据《中国共产党农村工作条例》第 9 条规定：“市（地、州、盟）党委应当把农村工作摆上重要议事日程，做好上下衔接、域内协调、督促检查工作，发挥好以市带县作用。”

5. BC，解析：根据《中国共产党农村工作条例》第 14 条规定：“加强党对农村经济建设的领导。巩固和加强农业基础地位，实施藏粮于地、藏粮于技战略，严守耕地红线，确保谷物基本自给、口粮绝对安全。深化农业供给侧结构性改革，构建现代农业产业体系、生产体系、经营体系，促进农村一二三产业融合发展，发展壮大农村集体经济，促进农民持续增收致富。坚决打赢脱贫攻坚战，巩固和扩大脱贫攻坚成果。”

6. ABCD，解析：根据《中国共产党农村工作条例》第 15 条规定：“加强党对农村社会主义民主政治建设的领导。完善基层民主制度，深化村民自治实践，健全村党组织领导的充满活力的村民自治机制，丰富基层民主协商形式，保证农民依法实行民主选举、民主协商、民主决策、民主管理、民主监督。严厉打击农村黑恶势力、宗族恶势力，严厉打击各类违法犯罪，严厉打击暴力恐怖活动，保障人民生命财产安全，促进农村社会公平正义。坚决取缔各类非法宗教传播活动，巩固农村基层政权。”

7. ABC，解析：根据《中国共产党农村工作条例》第 17 条规定：“加强党对农村社会建设的领导。坚持保障和改善农村民生，大力发展教育、医疗卫生、养老、文化体育、社会保障等农村社会事业，加快改善农村公共基础设施和基本公共服务条件，提升农民生活质量。建立健全党委领导、政府负责、社会协同、公众参与、法治保障、科技支撑的现代乡村社会治理体制，健全党组织领导下的自治、法治、德治相结合的乡村治理体系，建设充满活力、和谐有序的乡村社会。”

8. BD，解析：根据《中国共产党农村工作条例》第 19 条第 1 款规定：“加强农村党的建设。以提升组织力为重点，突出政治功能，把农村基层党组织建设成为宣传党的主张、贯彻党的决定、领导基层治理、团结动员群众、推动改革发展的坚强战斗堡垒，发挥党员先锋模范作用。坚持农村基层党组织领导地位不动摇，乡镇党委和村党组织全面领导乡镇、村的各类组织和各项工作。村党组织书记应当通过法定程序担任村民委员会主任和村级集体经济组织、合作经济组织负责人，推行村“两委”班子成员交叉任职。加强村党组织对共青团、妇联等群团组织的领导，发挥它们的积极作用。健全村党组织领导下的议事决策机制、监督机制，建立健全村务监督委员会，村级重大事项决策实行“四议两公开”。各级党委特别是县级党委应当认真履行农村基层党建主体责任，坚持抓乡促村，选优配强村党组织书记，整顿软弱涣散村党组织，加强党内激励关怀帮扶，健全以财政投入为主的稳定的村级组织运转经费保障制度，持续加强基本队伍、基本活动、基本阵地、基本制度、基本保障建设。”

**（四）填空题**

1. 农业农村农民。（《中国共产党农村工作条例》第3条）
2. 中央统筹。（《中国共产党农村工作条例》第5条）
3. 办公室。（《中国共产党农村工作条例》第7条第4款）
4. 决策科学化。（《中国共产党农村工作条例》第13条）
5. 农业供给侧结构性。（《中国共产党农村工作条例》第14条）
6. 组织力。（《中国共产党农村工作条例》第19条）

**（五）简答题**

1. 答：《中国共产党农村工作条例》第4条规定：“党的农村工作必须遵循以下原则：（一）坚持党对农村工作的全面领导，确保党在农村工作中总揽全局、协调各方，保证农村改革发展沿着正确的方向前进；（二）坚持以人民为中心，尊重农民主体地位和首创精神，切实保障农民物质利益和民主权利，把农民拥护不拥护、支持不支持作为制定党的农村政策的依据；（三）坚持巩固和完善农村基本经营制度，夯实党的农村政策基石；（四）坚持走中国特色社会主义乡村振兴道路，推进乡村产业振兴、人才振兴、文化振兴、生态振兴、组织振兴；（五）坚持教育引导农民听党话、感党恩、跟党走，把农民群众紧紧团结在党的周围，筑牢党在农村的执政基础；（六）坚持一切从实际出发，分类指导、循序渐进，不搞强迫命令、不刮风、不一刀切。”
2. 答：《中国共产党农村工作条例》第23条规定：“各级党委应当注重发挥改

革对农业农村发展的推动作用。以处理好农民和土地的关系为主线推动深化农村改革，坚持农村土地农民集体所有，坚持家庭经营基础性地位，坚持保持土地承包关系稳定并长久不变，健全符合社会主义市场经济要求的农村经济体制，把实现好、维护好、发展好广大农民的根本利益作为出发点和落脚点，与时俱进推动“三农”理论创新、实践创新、制度创新，调动亿万农民的积极性、主动性、创造性，不断解放和发展农村社会生产力。”

# 三、中国共产党支部工作条例（试行）

## （一）判断题

1. 党支部设置一般以单位、区域为主，以集体组建为主要方式。（　　）
2. 党支部的调整和撤销，只能由党支部报所在乡镇（街道）或者单位基层党委批准。（　　）
3. 临时组建的机构撤销后，临时党支部自然撤销。（　　）
4. 公有制经济组织中的党支部，引导和监督企业严格遵守国家法律法规，团结凝聚职工群众，依法维护各方合法权益，建设企业先进文化，促进企业健康发展。（　　）
5. 党支部党员大会是党支部的议事决策机构，由全体党员参加，一般每季度召开 2 次。（　　）
6. 村、社区重要事项以及与群众利益密切相关的事项，必须经过党支部党员大会讨论。（　　）
7. 民主评议党员不能结合组织生活会一并进行。（　　）

## （二）单项选择题

1. 正式党员不足（　　）人的单位，应当按照地域相邻、行业相近、规模适当、便于管理的原则，成立联合党支部。

   A. 3　　B. 5

   C. 7　　D. 9

2. 为期（　　）个月以上的工程、工作项目等，符合条件的，应当成立党支部。

   A. 3　　B. 6

   C. 9　　D. 12

3. 党支部党员大会议题提交表决前，应当经过充分讨论。表决必须有（　　）以上有表决权的党员到会方可进行，赞成人数超过应到会有表决权的党员的半数为通过。

A. 半数　　B. 1/3

C. 2/3　　D. 3/4

4. 党支部委员会是党支部(　　)的领导机构。

A. 重要事务　　B. 决定重大事项

C. 重要工作　　D. 日常工作

5. 党支部党员大会、党支部委员会会议由党支部书记召集并主持。书记不能参加会议的，可以委托(　　)或者委员召集并主持。党小组会由党小组组长召集并主持。

A. 书记秘书　　B. 党支部委员会主任

C. 副书记　　D. 党支部委员会副主任

## (三) 多项选择题

1. (　　)的农民专业合作组织，专业市场、商业街区、商务楼宇等，符合条件的，应当成立党支部。

A. 规模较大　　B. 跨农村

C. 跨区域　　D. 规模大

2. (　　)中的党支部，保证监督党和国家方针政策的贯彻执行，围绕企业生产经营开展工作，按规定参与企业重大问题的决策，服务改革发展、凝聚职工群众、建设企业文化，创造一流业绩。

A. 农村集体经济组织　　B. 私有企业

C. 国有企业　　D. 集体企业

3. 党支部应当严格执行党的组织生活制度，经常、认真、严肃地开展批评和自我批评，增强党内政治生活的(　　)。

A. 政治性　　B. 时代性

C. 原则性　　D. 战斗性

4. 党支部应当注重分析党员(　　)。对家庭发生重大变故和出现重大困难、身心健康存在突出问题等情况的党员，党支部书记应当帮助做好心理疏导；对受到处分处置以及有不良反映的党员，党支部书记应当有针对性地做好思想政治工作。

A. 思想状况　　B. 政治状况

C. 心理状态　　D. 经济状况

5. 下列说法错误的是(　　)。

A. 党课应当针对党员思想和工作实际，回应普遍关心的问题，注重身边人讲身边事，增强吸引力感染力。党员领导干部应当定期为基层党员讲党课，党委（党组）书记每年至少讲3次党课

B. 党支部每月相对固定半天开展主题党日，组织党员集中学习、过组织生活、进行民主议事和志愿服务等

C. 对经党组织同意可以不转接组织关系的党员，所在单位党组织可以将其纳入一个党支部或者党小组，参加组织生活

D. 党支部每年至少召开1次组织生活会，一般安排在第一季度，也可以根据工作需要随时召开

## （四）填空题

1. ____是党的基础组织，是党组织开展工作的基本单元，是党在社会基层组织中的战斗堡垒，是党的全部工作和战斗力的基础，担负直接教育党员、管理党员、监督党员和组织群众、宣传群众、凝聚群众、服务群众的职责。

2. 为了坚持和加强党的全面领导，弘扬____光荣传统，落实党要管党、全面从严治党要求，全面提升党支部组织力，强化党支部政治功能，充分发挥党支部战斗堡垒作用，巩固党长期执政的组织基础，根据《中国共产党章程》和有关党内法规，制定本条例。

3. 党支部的成立，一般由____提出申请，所在乡镇（街道）或者单位基层党委召开会议研究决定并批复，批复时间一般不超过1个月。

4. ____，全面领导隶属本村的各类组织和各项工作，围绕实施乡村振兴战略开展工作，组织带领农民群众发展集体经济，走共同富裕道路，领导村级治理，建设和谐美丽乡村。

5. 党小组会一般每月召开1次，组织党员参加政治学习、谈心谈话、开展____等。

6. “三会一课”应当突出政治学习和教育，突出党性锻炼，以____为主要内

容，结合党员思想和工作实际，确定主题和具体方式，做到形式多样、氛围庄重。

7. 党支部一般每年开展1次民主评议党员，组织党员对照合格党员标准、对照入党誓词，联系个人实际进行____。

## （五）简答题

1. 简述党支部工作必须遵循的原则。
2. 简述党支部的基本任务。
3. 简述党支部党员大会的职权。

# 参考答案

### （一）判断题

1. ×，解析：根据《中国共产党支部工作条例》第4条第1款规定："党支部设置一般以单位、区域为主，以单独组建为主要方式。企业、农村、机关、学校、科研院所、社区、社会组织、人民解放军和武警部队连（中）队以及其他基层单位，凡是有正式党员3人以上的，都应当成立党支部。"
2. ×，解析：根据《中国共产党支部工作条例》第7条第2款规定："党支部的调整和撤销，一般由党支部报所在乡镇（街道）或者单位基层党委批准，也可以由所在乡镇（街道）或者单位基层党委直接作出决定，并报上级党委组织部门备案。"
3. √，解析：根据《中国共产党支部工作条例》第8条第4款。
4. ×，解析：根据《中国共产党支部工作条例》第10条第5项规定："非公有制经济组织中的党支部，引导和监督企业严格遵守国家法律法规，团结凝聚职工群众，依法维护各方合法权益，建设企业先进文化，促进企业健康发展。"
5. ×，解析：根据《中国共产党支部工作条例》第11条第1款规定："党支部党员大会是党支部的议事决策机构，由全体党员参加，一般每季度召开1次。"
6. √，解析：根据《中国共产党支部工作条例》第11条第3款。
7. ×，解析：根据《中国共产党支部工作条例》第18条第3款规定："民主评议党员可以结合组织生活会一并进行。”

（二）单项选择题

1. A，解析：根据《中国共产党支部工作条例》第5条第3款规定：“正式党员不足3人的单位，应当按照地域相邻、行业相近、规模适当、便于管理的原则，成立联合党支部。联合党支部覆盖单位一般不超过5个。”
2. B，解析：根据《中国共产党支部工作条例》第5条第4款规定：“为期6个月以上的工程、工作项目等，符合条件的，应当成立党支部。”
3. A，解析：根据《中国共产党支部工作条例》第11条第4款规定：“党支部党员大会议题提交表决前，应当经过充分讨论。表决必须有半数以上有表决权的党员到会方可进行，赞成人数超过应到会有表决权的党员的半数为通过。”
4. D，解析：根据《中国共产党支部工作条例》第12条规定：“党支部委员会是党支部日常工作的领导机构。党支部委员会会议一般每月召开1次，根据需要可以随时召开，对党支部重要工作进行讨论、作出决定等。党支部委员会会议须有半数以上委员到会方可进行。重要事项提交党员大会决定前，一般应当经党支部委员会会议讨论。”
5. C，解析：根据《中国共产党支部工作条例》第14条规定：“党支部党员大会、党支部委员会会议由党支部书记召集并主持。书记不能参加会议的，可以委托副书记或者委员召集并主持。党小组会由党小组组长召集并主持。”

（三）多项选择题

1. AC，解析：根据《中国共产党支部工作条例》第5条第2款规定：“规模较大、跨区域的农民专业合作组织，专业市场、商业街区、商务楼宇等，符合条件的，应当成立党支部。”
2. CD，解析：根据《中国共产党支部工作条例》第10条第3项规定：“国有企业和集体企业中的党支部，保证监督党和国家方针政策的贯彻执行，围绕企业生产经营开展工作，按规定参与企业重大问题的决策，服务改革发展、凝聚职工群众、建设企业文化，创造一流业绩。”
3. ABCD，解析：根据《中国共产党支部工作条例》第15条第1款规定：“党支部应当严格执行党的组织生活制度，经常、认真、严肃地开展批评和自我批评，增强党内政治生活的政治性、时代性、原则性、战斗性。”
4. AC，解析：根据《中国共产党支部工作条例》第19条第2款规定：“党支部应当注重分析党员思想状况和心理状态。对家庭发生重大变故和出现重大困难、身心健康存在突出问题等情况的党员，党支部书记应当帮助做好心理疏导；对受到处分处置以及有不良反映的党员，党支部书记应当有针对性地做好思想政治工作。”

5. ABD，解析：根据《中国共产党支部工作条例》第 16 条第 3、5 款规定：“党课应当针对党员思想和工作实际，回应普遍关心的问题，注重身边人讲身边事，增强吸引力感染力。党员领导干部应当定期为基层党员讲党课，党委（党组）书记每年至少讲 1 次党课。对经党组织同意可以不转接组织关系的党员，所在单位党组织可以将其纳入一个党支部或者党小组，参加组织生活。”所以 AB 错，C 对。第 17 条第 1 款规定：“党支部每年至少召开 1 次组织生活会，一般安排在第四季度，也可以根据工作需要随时召开。组织生活会一般以党支部党员大会、党支部委员会会议或者党小组会形式召开。”所以 D 错。

**（四）填空题**

1. 党支部。（《中国共产党支部工作条例》第 2 条）
2. “支部建在连上”。（《中国共产党支部工作条例》第 1 条）
3. 基层单位。（《中国共产党支部工作条例》第 6 条第 1 款）
4. 村党支部。（《中国共产党支部工作条例》第 10 条第 1 项）
5. 批评和自我批评。（《中国共产党支部工作条例》第 13 条第 3 款）
6. “两学一做”。（《中国共产党支部工作条例》第 16 条第 2 款）
7. 党性分析。（《中国共产党支部工作条例》第 18 条第 1 款）

**（五）简答题**

1. 答：《中国共产党支部工作条例》第 3 条规定：“党支部工作必须遵循以下原则：（一）坚持以马克思列宁主义、毛泽东思想、邓小平理论、“三个代表”重要思想、科学发展观、习近平新时代中国特色社会主义思想为指导，遵守党章，加强思想理论武装，坚定理想信念，不忘初心、牢记使命，始终保持先进性和纯洁性。（二）坚持把党的政治建设摆在首位，牢固树立“四个意识”，坚定“四个自信”，做到“四个服从”，旗帜鲜明讲政治，坚决维护习近平总书记党中央的核心、全党的核心地位，坚决维护党中央权威和集中统一领导。（三）坚持践行党的宗旨和群众路线，组织引领党员、群众听党话、跟党走，成为党员、群众的主心骨。（四）坚持民主集中制，发扬党内民主，尊重党员主体地位，严肃党的纪律，提高解决自身问题的能力，增强生机活力。（五）坚持围绕中心、服务大局，充分发挥积极性主动性创造性，确保党的路线方针政策和决策部署贯彻落实。”

2. 答：《中国共产党支部工作条例》第9条规定：“党支部的基本任务是：（一）宣传和贯彻落实党的理论和路线方针政策，宣传和执行党中央、上级党组织及本党支部的决议。讨论决定或者参与决定本地区本部门本单位重要事项，充分发挥党员先锋模范作用，团结组织群众，努力完成本地区本部门本单位所担负的任务。（二）组织党员认真学习马克思列宁主义、毛泽东思想、邓小平理论、“三个代表”重要思想、科学发展观、习近平新时代中国特色社会主义思想，推进“两学一做”学习教育常态化制度化，学习党的路线方针政策和决议，学习党的基本知识，学习科学、文化、法律和业务知识。做好思想政治工作和意识形态工作。（三）对党员进行教育、管理、监督和服务，突出政治教育，提高党员素质，坚定理想信念，增强党性，严格党的组织生活，开展批评和自我批评，维护和执行党的纪律，监督党员切实履行义务，保障党员的权利不受侵犯。加强和改进流动党员管理。关怀帮扶生活困难党员和老党员。做好党费收缴、使用和管理工作。依规稳妥处置不合格党员。（四）密切联系群众，向群众宣传党的政策，经常了解群众对党员、党的工作的批评和意见，了解群众诉求，维护群众的正当权利和利益，做好群众的思想政治工作，凝聚广大群众的智慧和力量。领导本地区本部门本单位工会、共青团、妇女组织等群团组织，支持它们依照各自章程独立负责地开展工作。（五）对要求入党的积极分子进行教育和培养，做好经常性的发展党员工作，把政治标准放在首位，严格程序、严肃纪律，发展政治品质纯洁的党员。发现、培养和推荐党员、群众中间的优秀人才。（六）监督党员干部和其他任何工作人员严格遵守国家法律法规，严格遵守国家的财政经济法规和人事制度，不得侵占国家、集体和群众的利益。（七）实事求是对党的建设、党的工作提出意见建议，及时向上级党组织报告重要情况。教育党员、群众自觉抵制不良倾向，坚决同各种违纪违法行为作斗争。（八）按照规定，向党员、群众通报党的工作情况，公开党内有关事务。”

3. 答：《中国共产党支部工作条例》第11条第2款规定：“党支部党员大会的职权是：听取和审查党支部委员会的工作报告；按照规定开展党支部选举工作，推荐出席上级党代表大会的代表候选人，选举出席上级党代表大会的代表；讨论和表决接收预备党员和预备党员转正、延长预备期或者取消预备党员资格；讨论决定对党员的表彰表扬、组织处置和纪律处分；决定其他重要事项。”

# 四、中国共产党农村基层组织工作条例

## （一）判断题

1. 党员人数 500 人以上的村党的委员会，经乡镇党委批准，可以由党员代表大会选举产生。（　　）
2. 村党组织要组织群众、宣传群众、凝聚群众、服务群众，经常了解群众的批评和意见，维护群众正当权利和利益，加强对群众的教育引导，做好群众思想政治工作。（　　）
3. 党的农村基层组织应当注重运用现代信息技术，提升乡村治理智能化水平。（　　）
4. 党的农村基层组织领导班子应当贯彻党的思想路线。反映情况、安排工作、决定事项应该实事求是，一切从实际出发，说实话、办实事、求实效。（　　）

## （二）单项选择题

1. 乡镇应当设立党的基层委员会。乡镇党委每届任期（　　）年，由党员大会或者党员代表大会选举产生。

   A. 2　　B. 3

   C. 5　　D. 7

2. 党员人数（　　）人以上的村，根据工作需要，经县级地方党委批准，可以成立党的基层委员会，下设若干党支部；村党的委员会受乡镇党委领导。

   A. 100　　B. 150

   C. 200　　D. 300

3. 党的农村基层组织应当动员和带领群众全力打赢脱贫攻坚战，如期实现脱贫目标，巩固发展脱贫攻坚成果、防止返贫，组织发展乡村致富产业，推动农民就业创业，教育引导农民既“富口袋”又“（　　）”，依靠自己的辛勤劳动创造幸福美好生活。

A. 富文化　　B. 富精神

C. 富集体　　D. 富脑袋

4. 党的农村基层组织应当保障和改善民生，努力解决入园入托、上学、就业、看病、养老、居住、出行、饮水等群众最关心最直接最现实的利益问题，加强对贫困人口、留守儿童和妇女、老年人、残疾人、“（　　）”等人群的关爱服务。

A. 五保户　　B. 四保户

C. 三保户　　D. 两保户

## （三）多项选择题

1.（　　）是党在农村的基层组织，是党在农村全部工作和战斗力的基础，全面领导乡镇、村的各类组织和各项工作。

A. 乡党组织　　B. 乡镇党的委员会

C. 村党组织　　D. 村委组织

2. 关于党的农村基层组织，下列说法错误的是（　　）。

A. 党的农村基层组织必须高举社会主义伟大旗帜

B. 坚决维护习近平总书记党中央的核心、全党的核心地位

C. 牢固树立“四个意识”，坚定“四个自信”，做到“四个服从”

D. 坚持党要管党、全面从严治党，以提升组织力为重点，突出组织功能

3. 乡镇党委一般设委员7至9名，其中书记1名、副书记2至3名，应当设（　　），纪委书记由党委委员兼任。

A. 党委委员　　B. 实践委员

C. 组织委员　　D. 宣传委员

4. 下列关于乡镇党委的主要职责说法错误的是（　　）。

A. 宣传和贯彻执行党的路线方针政策和党中央、上级党组织及本乡镇党员代表大会（党员大会）的决议

B. 领导和推进村级民主选举、民主决策、民主管理、民主监督，推进农

村基层协商，支持和保障村民依法开展自治活动。领导村民委员会以及村务监督委员会、村集体经济组织、群团组织和其他经济组织、社会组织，加强指导和规范，支持和保证这些组织依照国家法律法规以及各自章程履行职责

C. 组织群众、宣传群众、凝聚群众、服务群众，经常了解群众的批评和意见，维护群众正当权利和利益，加强对群众的教育引导，做好群众思想政治工作

D. 领导本村的社会治理，做好本村的社会主义精神文明建设、法治宣传教育、社会治安综合治理、生态环保、美丽村庄建设、民生保障、脱贫致富、民族宗教等工作

5. 党的农村基层组织应当加强对经济工作的领导，坚持以经济建设为中心，贯彻(　　)、共享的发展理念，加快推进农业农村现代化，持续增加农民收入，不断满足群众对美好生活的需要。

A. 创新　　　　B. 协调

C. 绿色　　　　D. 开放

## （四）填空题

1. ____在党和国家事业全局中具有重要战略地位，是全党工作的重中之重。
2. 党的农村基层组织应当因地制宜推动发展壮大集体经济，领导和支持集体经济组织管理集体资产，协调利益关系，组织生产服务和集体资源合理开发，确保集体资产____，确保农民受益。
3. 注重从优秀村党组织书记、选调生、____、乡镇事业编制人员中选拔乡镇领导干部，从优秀村党组织书记中考录乡镇公务员、招聘乡镇事业编制人员。重视发现培养选拔优秀年轻干部、女干部和少数民族干部。
4. 村党组织领导班子应当由思想政治素质好、道德品行好、____、协调能力强，公道正派、廉洁自律，热心为群众服务的党员组成。
5. 根据工作需要，上级党组织可以向村党组织选派____。

## （五）简答题

1. 简述党的农村基层组织的具体任务。

2. 简述党的农村基层组织在精神文明建设方面的任务。
3. 简述"四议两公开"的概念。
4. 请写出加强农村基层干部队伍作风建设中的五个坚持。

## 参考答案

**（一）判断题**

1. √，解析：根据《中国共产党农村基层组织工作条例》第 5 条第 2 款。
2. √，解析：根据《中国共产党农村基层组织工作条例》第 10 条。
3. √，解析：根据《中国共产党农村基层组织工作条例》第 22 条第 2 款。
4. ×，解析：根据《中国共产党农村基层组织工作条例》第 28 条规定："党的农村基层组织领导班子应当贯彻党的思想路线。反映情况、安排工作、决定事项必须实事求是，一切从实际出发，说实话、办实事、求实效。"

**（二）单项选择题**

1. C，解析：根据《中国共产党农村基层组织工作条例》第 4 条规定："乡镇应当设立党的基层委员会。乡镇党委每届任期 5 年，由党员大会或者党员代表大会选举产生。"
2. A，解析：根据《中国共产党农村基层组织工作条例》第 5 条第 1 款规定："以村为基本单元设置党组织。有正式党员 3 人以上的村，应当成立党支部；不足 3 人的，可以与邻近村联合成立党支部。党员人数超过 50 人的村，或者党员人数虽不足 50 人、确因工作需要的村，可以成立党的总支部。党员人数 100 人以上的村，根据工作需要，经县级地方党委批准，可以成立党的基层委员会，下设若干党支部；村党的委员会受乡镇党委领导。"
3. D，解析：根据《中国共产党农村基层组织工作条例》第 13 条规定："党的农村基层组织应当动员和带领群众全力打赢脱贫攻坚战，如期实现脱贫目标，巩固发展脱贫攻坚成果、防止返贫，组织发展乡村致富产业，推动农民就业创业，教育引导农民既'富口袋'又'富脑袋'，依靠自己的辛勤劳动创造幸福美好生活。"
4. A，解析：根据《中国共产党农村基层组织工作条例》第 22 条第 1 款规定："党的农村基层组织应当保障和改善民生，努力解决入园入托、上学、就业、看病、养老、居住、出行、饮水等群众最关心最直接最现实的利益问题，加强对贫困人口、留守儿童和妇女、老年人、残疾人、"五保户"等人群的关爱服务。投放农村的公共服务资源，应当以乡镇、村党组织为主渠道落实，保证有资源、有能力为群众服务。”

（三）多项选择题

1. BC，解析：根据《中国共产党农村基层组织工作条例》第2条规定：“乡镇党的委员会（以下简称乡镇党委）和村党组织（村指行政村）是党在农村的基层组织，是党在农村全部工作和战斗力的基础，全面领导乡镇、村的各类组织和各项工作。必须坚持党的农村基层组织领导地位不动摇。”
2. AD，解析：根据《中国共产党农村基层组织工作条例》第3条规定：“党的农村基层组织必须高举中国特色社会主义伟大旗帜，坚持以马克思列宁主义、毛泽东思想、邓小平理论、‘三个代表’重要思想、科学发展观、习近平新时代中国特色社会主义思想为指导，坚决维护习近平总书记党中央的核心、全党的核心地位，坚决维护党中央权威和集中统一领导，牢固树立‘四个意识’，坚定‘四个自信’，做到‘四个服从’，坚持党要管党、全面从严治党，以提升组织力为重点，突出政治功能，努力成为宣传党的主张、贯彻党的决定、领导基层治理、团结动员群众、推动改革发展的坚强战斗堡垒。”
3. CD，解析：根据《中国共产党农村基层组织工作条例》第8条第1款规定：“乡镇党委一般设委员7至9名，其中书记1名、副书记2至3名，应当设组织委员、宣传委员，纪委书记由党委委员兼任。党委委员按照乡镇领导职务配备，应当进行合理分工，保证各项工作有人负责。”
4. BCD，解析：根据《中国共产党农村基层组织工作条例》第9条规定：“乡镇党委的主要职责是：（一）宣传和贯彻执行党的路线方针政策和党中央、上级党组织及本乡镇党员代表大会（党员大会）的决议。（二）讨论和决定本乡镇经济建设、政治建设、文化建设、社会建设、生态文明建设和党的建设以及乡村振兴中的重大问题。需由乡镇政权机关或者集体经济组织决定的重要事项，经乡镇党委研究讨论后，由乡镇政权机关或者集体经济组织依照法律和有关规定作出决定。（三）领导乡镇政权机关、群团组织和其他各类组织，加强指导和规范，支持和保证这些机关和组织依照国家法律法规以及各自章程履行职责。（四）加强乡镇党委自身建设和村党组织建设，以及其他隶属乡镇党委的党组织建设，抓好发展党员工作，加强党员队伍建设。维护和执行党的纪律，监督党员干部和其他任何工作人员严格遵守国家法律法规。（五）按照干部管理权限，负责对干部的教育、培训、选拔、考核和监督工作。协助管理上级有关部门驻乡镇单位的干部。做好人才服务和引进工作。（六）领导本乡镇的基层治理，加强社会主义民主法治建设和精神文明建设，加强社会治安综合治理，做好生态环保、美丽乡村建设、民生保障、脱贫致富、民族宗教等工作。”BCD都是村党组织的主要职责。

5. ABCD，解析：根据《中国共产党农村基层组织工作条例》第12条第1款规定：“党的农村基层组织应当加强对经济工作的领导，坚持以经济建设为中心，贯彻创新、协调、绿色、开放、共享的发展理念，加快推进农业农村现代化，持续增加农民收入，不断满足群众对美好生活的需要。”

**（四）填空题**

1. 农村工作。（《中国共产党农村基层组织工作条例》第1条）
2. 保值增值。（《中国共产党农村基层组织工作条例》第14条）
3. 大学生村官。（《中国共产党农村基层组织工作条例》第25条第2款）
4. 带富能力强。（《中国共产党农村基层组织工作条例》第26条第1款）
5. 第一书记。（《中国共产党农村基层组织工作条例》第26条第4款）

**（五）简答题**

1. 答：《中国共产党农村基层组织工作条例》第12条规定：“党的农村基层组织应当加强对经济工作的领导，坚持以经济建设为中心，贯彻创新、协调、绿色、开放、共享的发展理念，加快推进农业农村现代化，持续增加农民收入，不断满足群众对美好生活的需要。具体任务包括：（一）坚持以公有制为主体、多种所有制经济共同发展的基本经济制度，巩固和完善农村基本经营制度，坚持农村土地集体所有，坚持家庭经营基础性地位，坚持稳定土地承包关系，走共同富裕之路。（二）稳定发展粮食生产，发展多种经营应当同支持和促进粮食生产相结合。（三）推动乡村产业振兴，推进农村一二三产业融合发展，让农民合理分享全产业链增值收益。（四）坚持绿水青山就是金山银山理念，实现农业农村绿色发展、可持续发展。（五）领导制定本地经济发展规划，组织、动员各方面力量保证规划实施。（六）组织党员、群众学习农业科学技术知识，运用科技发展经济。吸引各类人才到农村创业创新。”
2. 答：《中国共产党农村基层组织工作条例》第15条规定：“党的农村基层组织应当组织群众学习习近平新时代中国特色社会主义思想，培育和践行社会主义核心价值观，开展中国特色社会主义和实现中华民族伟大复兴的中国梦宣传教育，爱国主义、集体主义和社会主义教育，党的路线方针政策教育，思想道德和民主法治教育，引导农民正确处理国家、集体、个人三者之间的利益关系，培养有理想、有道德、有文化、有纪律的新型农民。党的农村基层组织应当加强群众培训，通过新时代文明实践中心（所、站）、农民夜校等渠道，深入宣传教育群众，用中国特色社会主义文化、社会主义思想道德牢牢占领农村思想文化阵地。”第 16 条规定：“党的农村基层组织应当改善农村人居环境，倡导文明健康生活方式。传承发展提升农村优秀传统文化，保护传统村落，加强农村文化设施建设，开展健康有益的文体活动。改善办学条件，普及义务教育。开展文明村镇、文明家庭创建活动，破除封建迷信和陈规陋习，推进移风易俗，弘扬时代新风。”第 17 条规定：“党的农村基层组织应当加强和改进思想政治工作。宣传党组织和党员先进事迹，宣传好人好事，弘扬真善美，传播正能量。了解群众思想状况，帮助解决实际困难，引导群众自觉听党话、感党恩、跟党走。”第 18 条规定：“党的农村基层组织应当加强对党员、群众的无神论宣传教育，引导党员、群众自觉抵制腐朽落后文化侵蚀，弘扬科学精神，普及科学知识。做好农村宗教工作，加强对信教群众的工作，管理好宗教活动场所，依法制止利用宗教干涉农村公共事务，坚决抵御非法宗教活动和境外渗透活动。必须在意识形态上站稳立场，旗帜鲜明反对各种错误观点，同一切歪风邪气、违法犯罪行为作斗争。”

3. 答：《中国共产党农村基层组织工作条例》第 19 条第 3 款规定：“村级重大事项决策实行“四议两公开”，即村党组织提议、村“两委”会议商议、党员大会审议、村民会议或者村民代表会议决议，决议公开、实施结果公开。”
4. 答：《中国共产党农村基层组织工作条例》第 24 条第 1 款规定：“加强农村基层干部队伍作风建设。坚持实事求是，不准虚假浮夸；坚持依法办事，不准违法乱纪；坚持艰苦奋斗，不准奢侈浪费；坚持说服教育，不准强迫命令；坚持廉洁奉公，不准以权谋私。坚决反对形式主义、官僚主义、享乐主义和奢靡之风。”

# 五、民法典

## （一）判断题

1. 农村集体经济组织的成员，依法取得农村土地承包经营权，从事家庭承包经营的，为农村承包经营户。(　　)
2. 属于村农民集体所有的，由村集体经济组织或者村民委员会依法代表集体行使所有权。(　　)
3. 分别属于村内 7 个以上农民集体所有的，由村内各该集体经济组织或者村民小组依法代表集体行使所有权。(　　)
4. 属于乡镇农民集体所有的，由乡镇集体经济组织代表集体行使所有权。(　　)
5. 集体所有的财产受法律保护，任何组织或者个人都可以侵占、哄抢、私分、破坏。(　　)
6. 农村集体经济组织、村民委员会或者其负责人作出的决定侵害集体成员合法权益的，受侵害的集体成员可以请求人民政府予以撤销。(　　)
7. 宅基地使用权人依法对集体所有的土地享有占有和使用的权利，无权利用该土地建造住宅及其附属设施。(　　)
8. 宅基地因自然灾害等原因灭失的，宅基地使用权消灭。对失去宅基地的村民，不再重新分配宅基地。(　　)
9. 已经登记的宅基地使用权转让或者消灭的，应当及时办理变更登记或者注销登记。(　　)
10. 宅基地使用权的取得、行使和转让，适用土地管理的法律和国家有关规定。(　　)

## （二）单项选择题

1. 农村集体经济组织的成员，依法取得农村土地(　　)，从事家庭承包经营的，为农村承包经营户。

A. 承包经营权　　B. 所有权
C. 用益物权　　D. 担保权

2. 集体所有的财产受法律保护，禁止任何(　　)侵占、哄抢、私分、破坏。
A. 组织　　B. 个人
C. 组织或者个人　　D. 单位

3. 饲养的动物造成他人损害的，(　　)应当承担侵权责任；但是，能够证明损害是因被侵权人故意或者重大过失造成的，可以不承担或者减轻责任。
A. 动物饲养人　　B. 动物饲养人或者管理人
C. 管理人　　D. 被侵权人

## （三）多项选择题

1. (　　)或者其负责人作出的决定侵害集体成员合法权益的，受侵害的集体成员可以请求人民法院予以撤销。
A. 农村集体经济组织　　B. 村民委员会
C. 居民委员会　　D. 人民法院

2. 下列选项中正确的是：(　　)
A. 对自然流水的利用，应当在不动产的相邻权利人之间合理分配。对自然流水的排放，应当尊重自然流向
B. 法律、法规对处理相邻关系有规定的，依照其规定；法律、法规没有规定的，可以按照当地习惯
C. 不动产权利人应当为相邻权利人用水、排水提供必要的便利
D. 不动产权利人对相邻权利人因通行等必须利用其土地的，不必提供必要的便利

3. 下列选项中正确的是：(　　)
A. 不动产权利人挖掘土地、建造建筑物、铺设管线以及安装设备等，可以危及相邻不动产的安全
B. 不动产权利人因建造、修缮建筑物以及铺设电线、电缆、水管、暖气和燃气管线等必须利用相邻土地、建筑物的，该土地、建筑物的权利人应当提供必要的便利
C. 建造建筑物，不得违反国家有关工程建设标准，不得妨碍相邻建筑物

的通风、采光和日照

D. 不动产权利人不得违反国家规定弃置固体废物，排放大气污染物、水污染物、土壤污染物、噪声、光辐射、电磁辐射等有害物质

## （四）填空题

1. 农村集体经济组织的成员，依法取得____，从事的，为农村承包经营户。
2. 个体工商户的债务，个人经营的，以____承担；家庭经营的，以____承担；无法区分的，以____承担。
3. 农村承包经营户的债务，以____承担，事实上由____经营的，以该部分成员的财产承担。
4. 属于村农民集体所有的，由____或者____依法代表集体行使所有权；
5. 分别属于村内两个以上农民集体所有的，由____或者____依法代表集体行使所有权；
6. 属于____集体所有的，由____代表集体行使所有权。
7. 城镇集体所有的不动产和动产，依照法律、行政法规的规定由本集体享有____的权利。
8. 宅基地使用权人依法对集体所有的土地享有____的权利，有权依法利用该土地____。
9. 宅基地因____等原因灭失的，宅基地使用权消灭。对失去宅基地的村民，应当依法____宅基地。
10. 已经登记的宅基地使用权转让或者消灭的，应当及时办理____或者____。
11. 法律规定属于国家所有的财产，属于____即____国有财产由____代表国家行使所有权。法律另有规定的依照其规定。
12. 饲养动物应当遵守____，尊重____，不得妨碍他人生活。

## （五）简答题

1. 简述《民法典》中规定应当依照法定程序经本集体成员决定的事项。
2. 简述集体所有的不动产和动产包括哪些。
3. 因第三人的过错致使动物造成他人损害的，如何处理？

# 参考答案

**（一）判断题**

1. √，解析：根据《民法典》第 55 条。
2. √，解析：根据《民法典》第 262 条。
3. ×，解析：根据《民法典》第 262 条规定："分别属于村内两个以上农民集体所有的，由村内各该集体经济组织或者村民小组依法代表集体行使所有权。"
4. √，解析：根据《民法典》第 262 条。
5. ×，解析：根据《民法典》第 265 条第 2 款："集体所有的财产受法律保护，禁止任何组织或者个人侵占、哄抢、私分、破坏。"
6. ×，解析：根据《民法典》第 265 条第 2 款规定："农村集体经济组织、村民委员会或者其负责人作出的决定侵害集体成员合法权益的，受侵害的集体成员可以请求人民法院予以撤销。"
7. ×，解析：根据《民法典》第 362 条规定："宅基地使用权人依法对集体所有的土地享有占有和使用的权利，有权依法利用该土地建造住宅及其附属设施。"
8. ×，解析：根据《民法典》第 364 条规定："宅基地因自然灾害等原因灭失的，宅基地使用权消灭。对失去宅基地的村民，应当依法重新分配宅基地。"
9. √，解析：根据《民法典》第 365 条。
10. √，解析：根据《民法典》第 363 条

**（二）单项选择题**

1. A，解析：根据《民法典》第 55 条规定："农村集体经济组织的成员，依法取得农村土地承包经营权，从事家庭承包经营的，为农村承包经营户。"
2. C，解析：根据《民法典》第 265 条第一款规定："集体所有的财产受法律保护，禁止任何组织或者个人侵占、哄抢、私分、破坏。"
3. B，解析：《民法典》第 1245 条规定："饲养的动物造成他人损害的，动物饲养人或者管理人应当承担侵权责任；但是，能够证明损害是因被侵权人故意或者重大过失造成的，可以不承担或者减轻责任。"

**（三）多项选择题**

1. AB，解析：根据《民法典》第 265 条第 2 款规定："农村集体经济组织、村民委员会或者其负责人作出的决定侵害集体成员合法权益的，受侵害的集体

成员可以请求人民法院予以撤销。"

2. ABC，解析：根据《民法典》第291条规定："不动产权利人对相邻权利人因通行等必须利用其土地的，应当提供必要的便利。"
3. BCD，解析：《民法典》第295条规定："不动产权利人挖掘土地、建造建筑物、铺设管线以及安装设备等，不得危及相邻不动产的安全。"

**（四）填空题**

1. 农村土地承包经营权；家庭承包经营（《民法典》第55条）
2. 个人财产；家庭财产；家庭财产（《民法典》第56条第1款）
3. 从事农村土地承包经营的农户财产；农户部分成员（《民法典》第56条第2款）
4. 村集体经济组织；村民委员会（《民法典》第262条）
5. 村内各该集体经济组织；村民小组（《民法典》第262条）
6. 乡镇农民；乡镇集体经济组织（《民法典》第262条）
7. 占有、使用、收益和处分（《民法典》第263条）
8. 占有和使用；建造住宅及其附属设施（《民法典》第362条）
9. 自然灾害；重新分配（《民法典》第364条）
10. 变更登记；注销登记（《民法典》第365条）
11. 国家所有；全民所有；国务院；（《民法典》第246条）
12. 法律法规；社会公德（《民法典》第1251条）

**（五）简答题**

1. 答：《民法典》第261条规定："下列事项应当依照法定程序经本集体成员决定：（一）土地承包方案以及将土地发包给本集体以外的组织或者个人承包；（二）个别土地承包经营权人之间承包地的调整；（三）土地补偿费等费用的使用、分配办法；（四）集体出资的企业的所有权变动等事项；（五）法律规定的其他事项。"
2. 答：《民法典》第260条规定："集体所有的不动产和动产包括：（一）法律规定属于集体所有的土地和森林、山岭、草原、荒地、滩涂；（二）集体所有的建筑物、生产设施、农田水利设施；（三）集体所有的教育、科学、文化、卫生、体育等设施；（四）集体所有的其他不动产和动产。"
3. 答：《民法典》第1250条规定："因第三人的过错致使动物造成他人损害的，被侵权人可以向动物饲养人或者管理人请求赔偿，也可以向第三人请求赔偿。动物饲养人或者管理人赔偿后，有权向第三人追偿。"

# 六、农业法

## （一）判断题

1. 国家把农业放在发展国民经济的首位。（　　）
2. 国家采取措施，保障农业更好地发挥在提供食物、工业原料和其他农产品，维护和改善生态环境，促进农村经济社会发展等多方面的作用。（　　）
3. 国家保护农民和农业生产经营组织的财产及其他合法权益不受侵犯。（　　）
4. 国家采取措施加强农业和农村基础设施建设，调整、优化农业和农村经济结构，推进农业产业化经营，发展农业科技、教育事业，保护农业生态环境，促进农业机械化和信息化，提高农业综合生产能力。（　　）
5. 各级人民政府及其有关部门应当采取措施增加农民收入，切实减轻农民负担。（　　）
6. 国家实行农村土地承包经营制度，依法保障农村土地承包关系的长期稳定，保护农民对承包土地的所有权。（　　）
7. 国家对发展农业和农村经济有显著成绩的单位和个人，给予奖励。（　　）
8. 国家长期稳定农村以家庭承包经营为基础、统分结合的双层经营体制，发展社会化服务体系，壮大集体经济实力，引导农民走同步富裕的道路。（　　）
9. 农村集体经济组织应当在家庭承包经营的基础上，依法管理集体资产，为其成员提供生产、技术、信息等服务，组织合理开发、利用集体资源，壮大经济实力。（　　）
10. 种植业以优化品种、提高质量、增加效益为中心，调整作物结构、品种结构和品质结构。（　　）

## （二）单项选择题

1. 国家对农民和农业生产经营组织购买(　　)农业机械给予扶持。

A. 落后　　B. 高能耗

C. 先进　　D. 高污染

2. 对于《农业法》，下列说法错误的是：(　　)

A. 国家对缺水地区发展节水型农业给予重点扶持

B. 各级人民政府应当支持为农业服务的气象事业的发展，提高对气象灾害的监测和预报水平

C. 国家支持依法建立健全优质农产品认证和标志制度

D. 农业生产资料的生产者、销售者可以生产和销售国家明令淘汰的农药、兽药、饲料添加剂、农业机械等农业生产资料

3. 在不与我国缔结或加入的有关国际条约相抵触的情况下，国家对农民实施收入支持政策，具体办法由(　　)制定。

A. 公安局　　B. 全国人民代表大会

C. 人民法院　　D. 国务院

4. 国家鼓励和扶持(　　)投入资金支持贫困地区开发建设。

A. 金融机构、其他企业事业单位和个人

B. 其他企业事业单位

C. 个人

D. 金融机构

## （三）多项选择题

1. 农村土地承包经营的方式、期限、发包方和承包方的权利义务、土地承包经营权的保护和流转等，适用(　　)。

A.《土地管理法》　　B.《刑事诉讼法》

C.《农村土地承包法》　　D.《民事诉讼法》

2. 农民专业合作经济组织应当坚持为成员服务的宗旨，按照(　　)的原则，依法在其章程规定的范围内开展农业生产经营和服务活动。

A. 加入自愿　　B. 退出自由

C. 民主管理　　　　　　　　　　D. 盈余返还

3. 关于粮食安全，下列说法中正确的有：(　　)

A. 农民按保护价制度出售粮食，国家委托的收购单位不得拒收

B. 在粮食的市场价格过低时，国务院可以决定对部分粮食品种实行保护价制度。保护价应当根据有利于保护农民利益、稳定粮食生产的原则确定

C. 县级以上人民政府应当组织财政、金融等部门以及国家委托的收购单位及时筹足粮食收购资金，任何部门、单位或者个人不得截留或者挪用

D. 国家建立粮食安全预警制度，采取措施保障粮食供给。国务院应当制定粮食安全保障目标与粮食储备数量指标，并根据需要组织有关主管部门进行耕地、粮食库存情况的核查

4. 关于农民权益保护，下列说法中正确的有：(　　)

A. 任何机关或者单位向农民或者农业生产经营组织收取行政、事业性费用必须依据法律、法规的规定。收费的项目、范围和标准应当公布

B. 没有法律、法规依据的收费，农民和农业生产经营组织有权拒绝

C. 任何机关或者单位对农民或者农业生产经营组织进行罚款处罚必须依据法律、法规、规章的规定

D. 没有法律、法规、规章依据的罚款，农民和农业生产经营组织也无权拒绝

## (四) 填空题

1. 农民和农业生产经营组织可以自愿按照____、____和____相结合的原则，以资金、技术、实物等入股，依法兴办各类企业。

2. 农民和农业生产经营组织可以按照法律、行政法规成立各种____，为成员提供生产、营销、信息、技术、培训等服务，发挥协调和自律作用，提出____的申请，维护成员和行业的利益。

3. 种植业以____、____、____为中心，调整作物结构、品种结构和品质结构。

4. 渔业生产应当____渔业资源，调整____，积极发展水产养殖业、远洋渔

业和水产品加工业。

5. 农药、兽药、饲料和饲料添加剂、肥料、种子、农业机械等可能危害人畜安全的农业生产资料的____，依照相关法律、行政法规的规定实行____。
6. 县级以上人民政府工商行政管理部门和其他有关部门按照各自的职责，依法管理____，规范____，防止____与____。
7. 国家支持发展农产品加工业和食品工业，增加农产品的____。县级以上人民政府应当制定农产品加工业和食品工业____，引导农产品加工企业形成合理的区域布局和规模结构，扶持农民专业合作经济组织和乡镇企业从事农产品加工和综合开发利用。
8. 国家对粮食实行中央和地方分级储备调节制度，建设仓储运输体系。承担国家粮食储备任务的企业应当按照国家规定保证储备粮的____和____。
9. 国家提倡____，并采取措施改善人民的____。
10. 国家逐步完善____，保障农村五保户、贫困残疾农民、贫困老年农民和其他丧失劳动能力的农民的基本生活。
11. 国家鼓励、支持农民巩固和发展____和其他医疗保障形式，提高____。
12. 强迫农民和农业生产经营组织接受有偿服务的，由有关人民政府责令改正，并____费用；情节严重的，给予直接负责的主管人员和其他直接责任人员____；造成农民和农业生产经营组织损失的，依法承担____。
13. 侵害农民和农业生产经营组织的土地承包经营权等财产权或者其他合法权益的，应当____，____；造成损失、损害的，依法承担____。
14. 各级人民政府和农业生产经营组织应当加强____，建立健全农田水利设施的管理制度，节约用水，发展____，严格依法控制非农业建设占用灌溉水源，禁止任何组织和个人非法占用或者毁损____。
15. 国家鼓励和支持农民和农业生产经营组织使用先进、适用的____，加强农业机械安全管理，提高____。

## （五）简答题

1. 简述各级人民政府在财政预算内安排的各项用于农业的资金应当主要用于的地方。

2. 有何种行为之一的，由上级主管机关责令停止违法行为，并给予直接负责的主管人员和其他直接责任人员行政处分，责令退还违法收取的集资款、税款或者费用。

## 参考答案

**（一）判断题**

1. √，解析：根据《农业法》第 3 条第 1 款。
2. √，解析：根据《农业法》第 4 条。
3. √，解析：根据《农业法》第 7 条第 1 款。
4. √，解析：根据《农业法》第 6 条第 2 款。
5. √，解析：根据《农业法》第 7 条第 2 款。
6. ×，解析：根据《农业法》第 10 条第 1 款规定："国家实行农村土地承包经营制度，依法保障农村土地承包关系的长期稳定，保护农民对承包土地的使用权。"
7. √，解析：根据《农业法》第 8 条第 2 款。
8. ×，解析：根据《农业法》第 5 条第 2 款规定："国家长期稳定农村以家庭承包经营为基础、统分结合的双层经营体制，发展社会化服务体系，壮大集体经济实力，引导农民走共同富裕的道路。"
9. √，解析：根据《农业法》第 10 条第 3 款。
10. √，解析：根据《农业法》第 16 条第 2 款。

**（二）单项选择题**

1. C，解析：根据《农业法》第 20 条第 2 款规定："国家对农民和农业生产经营组织购买先进农业机械给予扶持。"
2. D，解析：《农业法》第 25 条第 3 条规定："农业生产资料的生产者、销售者应当对其生产、销售的产品的质量负责，禁止以次充好、以假充真、以不合格的产品冒充合格的产品；禁止生产和销售国家明令淘汰的农药、兽药、饲料添加剂、农业机械等农业生产资料。"
3. D，解析：根据《农业法》第 37 条第 2 条规定："在不与我国缔结或加入的有关国际条约相抵触的情况下，国家对农民实施收入支持政策，具体办法由国务院制定。"
4. A，解析：《农业法》第 86 条第 2 款规定："国家鼓励和扶持金融机构、其他企业事业单位和个人投入资金支持贫困地区开发建设。”

**（三）多项选择题**

1. AC，解析：根据《农业法》第10条第2款规定：“农村土地承包经营的方式、期限、发包方和承包方的权利义务、土地承包经营权的保护和流转等，适用《土地管理法》和《农村土地承包法》。”
2. ABCD，解析：根据《农业法》第11条第2款规定：“农民专业合作经济组织应当坚持为成员服务的宗旨，按照加入自愿、退出自由、民主管理、盈余返还的原则，依法在其章程规定的范围内开展农业生产经营和服务活动。”
3. ABCD，解析：ABC《农业法》第33条，D《农业法》第三十四条。
4. ABC，解析：根据《农业法》第67条第2款规定：“没有法律、法规、规章依据的罚款，农民和农业生产经营组织有权拒绝。”

**（四）填空题**

1. 民主管理；按劳分配；按股分红。（《农业法》第12条）
2. 农产品行业协会；农产品贸易救济措施。（《农业法》第14条）
3. 优化品种；提高质量；增加效益。（《农业法》第16条第2款）
4. 保护和合理利用；捕捞结构。（《农业法》第16条第5款）
5. 生产经营；登记或者许可制度。（《农业法》第25条第1款）
6. 农产品批发市场；交易秩序；地方保护；不正当竞争。（《农业法》第27条第2款）
7. 附加值；发展规划。（《农业法》第29条第1款）
8. 数量；质量。（《农业法》第34条第2款）
9. 珍惜和节约粮食；食物营养结构。（《农业法》第36条）
10. 农村社会救济制度。（《农业法》第83条）
11. 农村合作医疗；农民健康水平。（《农业法》第84条）
12. 返还其违法收取的；行政处分；赔偿责任。（《农业法》第96条）
13. 停止侵害；恢复原状；赔偿责任。（《农业法》第90条第1款）
14. 农田水利设施建设；节水型农业；农田水利设施。（《农业法》第19条第1款）
15. 农业机械；农业机械化水平。（《农业法》第20条第1款）

**（五）简答题**

1. 答：《农业法》第38条第2款规定：“各级人民政府在财政预算内安排的各项用于农业的资金应当主要用于：加强农业基础设施建设；支持农业结构调整，促进农业产业化经营；保护粮食综合生产能力，保障国家粮食安全；健全动植物检疫、防疫体系，加强动物疫病和植物病、虫、杂草、鼠害防治；建立健全农产品质量标准和检验检测监督体系、农产品市场及信息服务体系；支持农业科研教育、农业技术推广和农民培训；加强农业生态环境保护建设；扶持贫困地区发展；保障农民收入水平等。”

2. 答：《农业法》第94条规定：“有下列行为之一的，由上级主管机关责令停止违法行为，并给予直接负责的主管人员和其他直接责任人员行政处分，责令退还违法收取的集资款、税款或者费用：（一）违反本法第六十八条规定，非法在农村进行集资、达标、升级、验收活动的；（二）违反本法第六十九条规定，以违法方法向农民征税的；（三）违反本法第七十条规定，通过农村中小学校向农民超额、超项目收费的。”

# 七、畜牧法

## （一）判断题

1. 国家支持畜牧业发展，发挥畜牧业在发展农业、农村经济和增加农民收入中的作用。（　　）
2. 国家帮助和扶持少数民族地区、贫困地区畜牧业的发展，保护和合理利用草原，改善畜牧业生产条件。（　　）
3. 畜禽遗传资源保护以集体为主，鼓励和支持有关单位、个人依法发展畜禽遗传资源保护事业。（　　）
4. 从境外引进畜禽遗传资源的，应当向省级人民政府畜牧兽医行政主管部门提出申请。（　　）
5. 农户饲养的种畜禽用于自繁自养和有少量剩余仔畜、雏禽出售的，农户饲养种公畜进行互助配种的，仍然要办理种畜禽生产经营许可证。（　　）
6. 畜禽标识可以重复使用。（　　）
7. 养蜂生产者在国内转地放蜂，凭国务院畜牧兽医行政主管部门统一格式印制的检疫合格证明运输蜂群，在检疫合格证明有效期内不得重复检疫。（　　）

## （二）单项选择题

1. 专门从事家畜人工授精、胚胎移植等繁殖工作的人员，应当取得相应的（　　）。

   A. 行政许可　　B. 行政确认

   C. 行政奖励　　D. 国家职业资格证书
2. 生产家畜卵子、冷冻精液、胚胎等遗传材料，应当有完整的采集、销售、移植等记录，记录应当保存（　　）。

   A. 1 年　　B. 2 年

C. 3 年　　D. 4 年

3. 下列哪一选项是正确的？(　　)

A. 县级以上人民政府畜牧兽医行政主管部门不负责种畜禽质量安全的监督管理工作

B. 申请进口种畜禽的，应当持有种畜禽生产经营许可证。进口种畜禽的批准文件有效期为 5 个月

C. 国务院和省级人民政府应当在其财政预算内安排支持畜牧业发展的良种补贴、贴息补助等资金，并鼓励有关金融机构通过提供贷款、保险服务等形式，支持畜禽养殖者购买优良畜禽、繁育良种、改善生产设施、扩大养殖规模，提高养殖效益

D. 省级以上人民政府应当保障国家设立的畜牧兽医技术推广机构从事公益性技术服务的工作经费

4. 养蜂生产者在生产过程中，不得使用危害蜂产品质量安全的药品和容器，确保蜂产品质量。养蜂器具应当符合国家技术规范的(　　)要求。

A. 可行性　　B. 安全性

C. 特殊性　　D. 强制性

## (三) 多项选择题

1. 畜牧业生产经营者应当依法履行(　　)义务，接受有关主管部门依法实施的监督检查。

A. 动物防疫　　B. 提高产量

C. 环境保护　　D. 创新技术

2. 种畜禽生产经营许可证应当注明(　　)。

A. 生产经营者名称　　B. 场（厂）址

C. 生产经营范围　　D. 许可证有效期

3. 种畜禽场和孵化场（厂）销售商品代仔畜、雏禽的，应当向购买者提供其销售的商品代仔畜、雏禽的(　　)，并附具动物防疫监督机构出具的检疫合格证明。

A. 主要生产性能指标　　B. 免疫情况

C. 饲养技术要求　　D. 有关咨询服务

4.《畜牧法》禁止在哪些区域内建设畜禽养殖场、养殖小区？（　　）

A. 生活饮用水的水源保护区，风景名胜区

B. 自然保护区的核心区和缓冲区

C. 城镇居民区、文化教育科学研究区等人口集中区域

D. 法律、法规规定的其他禁养区域

5. 养蜂生产者在转地放蜂时，当地（　　）等有关部门应当为其提供必要的便利。

A. 卫生　　B. 公安

C. 畜牧兽医　　D. 交通运输

## （四）填空题

1. 畜牧业生产经营者可以依法自愿成立____，为成员提供信息、技术、营销、培训等服务，加强行业自律，维护成员和行业利益。
2. 销售种畜禽和商品代仔畜、雏禽，因质量问题给畜禽养殖者造成损失的，应当____。
3. 畜禽养殖场应当为其饲养的畜禽提供适当的____和____。
4. 畜禽养殖者应当按照国家关于畜禽标识管理的规定，在应当加施标识的畜禽的指定部位____。畜牧兽医行政主管部门提供标识不得收费，所需费用列入____。
5. 畜禽养殖场、养殖小区应当保证畜禽粪便、废水及其他固体废弃物____的正常运转，保证污染物____，防止____。
6. 畜禽养殖场、养殖小区违法排放畜禽粪便、废水及其他固体废弃物，造成____的，应当____，依法____。

## （五）简答题

1. 简述申请取得种畜禽生产经营许可证应当具备的条件。
2. 简述销售种畜禽的禁止行为。

# 参考答案

## （一）判断题

1. √，解析：根据《畜牧法》第 3 条第 1 款规定。
2. √，解析：根据《畜牧法》第 3 条第 2 款规定。
3. ×，解析：根据《畜牧法》第 9 条第 2 款规定：“畜禽遗传资源保护以国家为主，鼓励和支持有关单位、个人依法发展畜禽遗传资源保护事业。”
4. √，解析：根据《畜牧法》第 15 条第 1 款规定：“从境外引进畜禽遗传资源的，应当向省级人民政府畜牧兽医行政主管部门提出申请；受理申请的畜牧兽医行政主管部门经审核，报国务院畜牧兽医行政主管部门经评估论证后批准。经批准的，依照《进出境动植物检疫法》的规定办理相关手续并实施检疫。”
5. ×，解析：根据《畜牧法》第 26 条规定：“农户饲养的种畜禽用于自繁自养和有少量剩余仔畜、雏禽出售的，农户饲养种公畜进行互助配种的，不需要办理种畜禽生产经营许可证。”
6. ×，解析：根据《畜牧法》第 45 条第 2 款规定：“畜禽标识不得重复使用。
7. √，解析：根据《畜牧法》第 49 条第 2 款规定：“养蜂生产者在国内转地放蜂，凭国务院畜牧兽医行政主管部门统一格式印制的检疫合格证明运输蜂群，在检疫合格证明有效期内不得重复检疫。”

## （二）单项选择题

1. D，解析：根据《畜牧法》第 27 条规定：“专门从事家畜人工授精、胚胎移植等繁殖工作的人员，应当取得相应的国家职业资格证书。”
2. B，解析：根据《畜牧法》第 29 条第 2 款规定：“生产家畜卵子、冷冻精液、胚胎等遗传材料，应当有完整的采集、销售、移植等记录，记录应当保存二年。”
3. C，解析：根据《畜牧法》第 33 条规定：“县级以上人民政府畜牧兽医行政主管部门负责种畜禽质量安全的监督管理工作。种畜禽质量安全的监督检验应当委托具有法定资质的种畜禽质量检验机构进行；所需检验费用按照国务院规定列支，不得向被检验人收取。”故 A 项错误。《畜牧法》第 31 条规定：“申请进口种畜禽的，应当持有种畜禽生产经营许可证。进口种畜禽的批准文件有效期为六个月。”故 B 项错误。《畜牧法》第 36 条规定：“国务院和省级人民政府应当在其财政预算内安排支持畜牧业发展的良种补贴、贴息补助等资金，并鼓励有关金融机构通过提供贷款、保险服务等形式，支持畜禽养殖者购买优良畜禽、繁育良种、改善生产设施、扩大养殖规模，提高养殖效益。”故C项正确。《畜牧法》第38条第1款规定：“县级以上人民政府应当保障国家设立的畜牧兽医技术推广机构从事公益性技术服务的工作经费。”故D项错误。

4. D，解析：根据《畜牧法》第48条规定：“养蜂生产者在生产过程中，不得使用危害蜂产品质量安全的药品和容器，确保蜂产品质量。养蜂器具应当符合国家技术规范的强制性要求。”

（三）多项选择题

1. AC，解析：根据《畜牧法》第6条规定：“畜牧业生产经营者应当依法履行动物防疫和环境保护义务，接受有关主管部门依法实施的监督检查。”
2. ABCD，解析：根据《畜牧法》第25条第1款规定：“种畜禽生产经营许可证应当注明生产经营者名称、场（厂）址、生产经营范围及许可证有效期的起止日期等。”
3. ABCD，解析：根据《畜牧法》第32条第1款规定：“种畜禽场和孵化场（厂）销售商品代仔畜、雏禽的，应当向购买者提供其销售的商品代仔畜、雏禽的主要生产性能指标、免疫情况、饲养技术要求和有关咨询服务，并附具动物防疫监督机构出具的检疫合格证明。”
4. ABCD，解析：根据《畜牧法》第40条规定：“禁止在下列区域内建设畜禽养殖场、养殖小区：（一）生活饮用水的水源保护区，风景名胜区，以及自然保护区的核心区和缓冲区；（二）城镇居民区、文化教育科学研究区等人口集中区域；（三）法律、法规规定的其他禁养区域。”
5. BCD，解析：根据《畜牧法》第49条第1款规定：“养蜂生产者在转地放蜂时，当地公安、交通运输、畜牧兽医等有关部门应当为其提供必要的便利。”

（四）填空题

1. 行业协会。（《畜牧法》第5条）
2. 依法赔偿损失。（《畜牧法》第32条第2款）
3. 繁殖条件；生存、生长环境。（《畜牧法》第42条）
4. 加施标识；省级人民政府财政预算。（《畜牧法》第45条第1款）
5. 综合利用或者无害化处理设施；达标排放；污染环境。（《畜牧法》第46条第1款）

6. 环境污染危害；排除危害；赔偿损失。（《畜牧法》第 46 条第 2 款）

**（五）简答题**

1. 答：《畜牧法》第 22 条规定："从事种畜禽生产经营或者生产商品代仔畜、雏禽的单位、个人，应当取得种畜禽生产经营许可证。申请取得种畜禽生产经营许可证，应当具备下列条件：（一）生产经营的种畜禽必须是通过国家畜禽遗传资源委员会审定或者鉴定的品种、配套系，或者是经批准引进的境外品种、配套系；（二）有与生产经营规模相适应的畜牧兽医技术人员；（三）有与生产经营规模相适应的繁育设施设备；（四）具备法律、行政法规和国务院畜牧兽医行政主管部门规定的种畜禽防疫条件；（五）有完善的质量管理和育种记录制度；（六）具备法律、行政法规规定的其他条件。"
2. 答：《畜牧法》第 30 条规定："销售种畜禽，不得有下列行为：（一）以其他畜禽品种、配套系冒充所销售的种畜禽品种、配套系；（二）以低代别种畜禽冒充高代别种畜禽；（三）以不符合种用标准的畜禽冒充种畜禽；（四）销售未经批准进口的种畜禽；（五）销售未附具本法第二十九条规定的种畜禽合格证明、检疫合格证明的种畜禽或者未附具家畜系谱的种畜；（六）销售未经审定或者鉴定的种畜禽品种、配套系。"

# 八、森林法

## （一）判断题

1. 乡镇人民政府可以确定相关机构或者设置专职、兼职人员承担林业相关工作。（　　）
2. 教育行政部门、学校应当对学生进行森林资源保护教育。（　　）
3. 森林资源属于国家所有，由法律规定属于集体所有的除外。（　　）
4. 未实行承包经营的集体林地以及林地上的林木，由农村集体经济组织统一经营。经本集体经济组织成员的村民会议2/3以上成员或者2/3以上村民代表同意并公示，可以通过招标、拍卖、公开协商等方式依法流转林地经营权、林木所有权和使用权。（　　）
5. 单位之间发生的林木、林地所有权和使用权争议，由县级以上人民政府依法处理。（　　）
6. 中央和地方财政分别安排资金，用于公益林的营造、抚育、保护、管理和非国有公益林权利人的经济补偿等，实行专款专用。具体办法由国务院财政部门会同林业主管部门制定。（　　）
7. 采伐林地上的林木应当申请采伐许可证，并按照采伐许可证的规定进行采伐；采伐自然保护区以外的竹林，不仅需要申请采伐许可证，而且应当符合林木采伐技术规程。（　　）
8. 滥伐林木的，由县级以上人民政府林业主管部门责令限期在原地或者异地补种滥伐株数1倍以上3倍以下的树木，可以处滥伐林木价值3倍以上5倍以下的罚款。（　　）
9. 违反《森林法》规定，未完成更新造林任务的，由县级以上人民政府林业主管部门责令限期完成；逾期未完成的，可以处未完成造林任务所需费用2倍以下的罚款；对直接负责的主管人员和其他直接责任人员，依法给予处分。（　　）
10. 符合林木采伐技术规程的，审核发放采伐许可证的部门应当及时核发采

伐许可证。但是，审核发放采伐许可证的部门不得超过年采伐限额发放采伐许可证。(　　)

## (二) 单项选择题

1. 集体或者个人承包国家所有和集体所有的宜林荒山荒地荒滩营造的林木，归承包的(　　)所有；合同另有约定的从其约定。

A. 集体　　B. 个人

C. 集体或者个人　　D. 单位

2. 公益林划定涉及非国有林地的，应当与权利人签订书面协议，并给予合理(　　)。

A. 赔偿　　B. 补偿

C. 奖金　　D. 罚金

3. 采伐许可证由(　　)以上人民政府林业主管部门核发。

A. 市级　　B. 县级

C. 省级　　D. 乡级

4. 采伐林木的组织和个人应当按照有关规定完成更新造林。更新造林的面积不得(　　)采伐的面积，更新造林应当达到相关技术规程规定的标准。

A. 大于　　B. 等于

C. 超过　　D. 少于

5. 破坏森林资源造成生态环境损害的，县级以上人民政府自然资源主管部门、林业主管部门可以依法向(　　)提起诉讼，对侵权人提出损害赔偿要求。

A. 人民法院　　B. 公安局

C. 人民政府　　D. 人民检察院

6. 依照《森林法》规定应当作出行政处罚决定而未作出的，上级主管部门有权责令下级主管部门作出行政处罚决定或者直接给予(　　)。

A. 行政处罚　　B. 刑事处罚

C. 民事处罚　　D. 罚金处罚

7. 违反《森林法》规定，未经县级以上人民政府林业主管部门审核同意，擅自改变林地用途的，由县级以上人民政府林业主管部门责令限期恢复植被和林业生产条件，可以处恢复植被和林业生产条件所需费用(　　)以下的罚款。

A. 1 倍　　B. 5 倍

C. 7 倍　　D. 3 倍

8. 向林地排放重金属或者其他有毒有害物质含量超标的污水、污泥，以及可能造成林地污染的清淤底泥、尾矿、矿渣等的，依照(　　)的有关规定处罚。

A. 《民法典》　　B. 《国家安全法》

C. 《土壤污染防治法》　　D. 《种子法》

## (三) 多项选择题

1. 农村居民在(　　)种植的林木，归个人所有。

A. 房前屋后　　B. 自留地

C. 自留山　　D. 宅基地

2. 国家鼓励公民通过(　　)等方式参与造林绿化。

A. 植树造林　　B. 保护环境

C. 抚育管护　　D. 认建认养

3. 木材经营加工企业应当建立原料和产品出入库台账。任何单位和个人不得(　　)明知是盗伐、滥伐等非法来源的林木。

A. 收购　　B. 加工

C. 购买　　D. 运输

4. 省级以上人民政府林业主管部门对(　　)的地区，可以约谈所在地区县级以上地方人民政府及其有关部门主要负责人，要求其采取措施及时整改。约谈整改情况应当向社会公开。

A. 森林覆盖率低

B. 森林资源保护发展工作不力

C. 问题突出

D. 群众反映强烈

## （四）填空题

1. 林地和林地上的森林、林木的所有权、使用权，由____统一登记造册，____核发证书。国务院确定的国家重点林区（以下简称重点林区）的森林、林木和林地，由国务院负责登记。
2. 国家所有的林地和林地上的森林、林木可以依法确定给____使用。林业经营者依法取得的国有林地和林地上的森林、林木的____，经批准可以转让、出租、作价出资等。具体办法由国务院制定。
3. 林业经营者应当履行____的义务，保证国有森林资源稳定增长，提高森林生态功能。
4. 集体所有和国家所有依法由农民集体使用的林地（以下简称集体林地）实行承包经营的，承包方享有林地____和承包林地上的____，合同另有约定的从其约定。承包方可以依法采取____等方式流转林地经营权、林木所有权和使用权。
5. 个人之间、个人与单位之间发生的____和____争议，由乡镇人民政府或者县级以上人民政府依法处理。
6. 在林木、林地权属争议解决前，除因森林防火、林业有害生物防治、国家重大基础设施建设等需要外，当事人任何一方不得____或者____。
7. 在符合公益林生态区位保护要求和不影响公益林生态功能的前提下，经科学论证，可以合理利用公益林林地资源和森林景观资源，适度开展____森林旅游等。利用公益林开展上述活动应当严格遵守国家有关规定。
8. 农村居民采伐自留地和房前屋后个人所有的零星林木，不需要申请____。
9. 林业经营者可以自愿申请____，促进森林经营水平提高和可持续经营。
10. 违反《森林法》规定，侵害森林、林木、林地的所有者或者使用者的合法权益的，依法承担____。

## （五）简答题

1. 哪些区域的林地和林地上的森林，应当划定为公益林？
2. 国家鼓励发展哪些商品林？

# 参考答案

**（一）判断题**

**1. √，解析：根据《森林法》第 9 条第 2 款。**

**2. √，解析：根据《森林法》第 12 条第 2 款。**

**3. √，解析：根据《森林法》第 14 条第 1 款。**

**4. √，解析：根据《森林法》第 18 条。**

**5. √，解析：根据《森林法》第 22 条第 1 款。**

6. √，解析：根据《森林法》第 29 条。

7. ×，解析：根据《森林法》第 56 条第 1 款规定：“采伐林地上的林木应当申请采伐许可证，并按照采伐许可证的规定进行采伐；采伐自然保护区以外的竹林，不需要申请采伐许可证，但应当符合林木采伐技术规程。”

8. √，解析：根据《森林法》第 76 条第 2 款。

9. √，解析：根据《森林法》第 79 条。

10. √，解析：根据《森林法》第 59 条。

**（二）单项选择题**

1. C，解析：根据《森林法》第 20 条第 3 款规定：“集体或者个人承包国家所有和集体所有的宜林荒山荒地荒滩营造的林木，归承包的集体或者个人所有；合同另有约定的从其约定。”

2. B，解析：根据《森林法》第 48 条规定：“公益林划定涉及非国有林地的，应当与权利人签订书面协议，并给予合理补偿。”

3. B，解析：根据《森林法》第 57 条第 1 款规定：“采伐许可证由县级以上人民政府林业主管部门核发。”

4. D，解析：根据《森林法》第 61 条规定：“采伐林木的组织和个人应当按照有关规定完成更新造林。更新造林的面积不得少于采伐的面积，更新造林应当达到相关技术规程规定的标准。”

5. A，解析：根据《森林法》第 68 条规定：“破坏森林资源造成生态环境损害的，县级以上人民政府自然资源主管部门、林业主管部门可以依法向人民法院提起诉讼，对侵权人提出损害赔偿要求。”

6. A，解析：根据《森林法》第 70 条第 2 款规定：“依照本法规定应当作出行政处罚决定而未作出的，上级主管部门有权责令下级主管部门作出行政处罚决定或者直接给予行政处罚。”

7. D，解析：根据《森林法》第73条第1款规定：“违反本法规定，未经县级以上人民政府林业主管部门审核同意，擅自改变林地用途的，由县级以上人民政府林业主管部门责令限期恢复植被和林业生产条件，可以处恢复植被和林业生产条件所需费用三倍以下的罚款。”
8. C，解析：根据《森林法》第74条第3款规定：“向林地排放重金属或者其他有毒有害物质含量超标的污水、污泥，以及可能造成林地污染的清淤底泥、尾矿、矿渣等的，依照《土壤污染防治法》的有关规定处罚。”

**（三）多项选择题**

1. ABC，解析：根据《森林法》第20条第2款规定：“农村居民在房前屋后、自留地、自留山种植的林木，归个人所有。城镇居民在自有房屋的庭院内种植的林木，归个人所有。”
2. ACD，解析：根据《森林法》第44条规定：“国家鼓励公民通过植树造林、抚育管护、认建认养等方式参与造林绿化。”
3. ABD，解析：根据《森林法》第65条规定：“木材经营加工企业应当建立原料和产品出入库台账。任何单位和个人不得收购、加工、运输明知是盗伐、滥伐等非法来源的林木。”
4. BCD，解析：根据《森林法》第67条第2款规定：“省级以上人民政府林业主管部门对森林资源保护发展工作不力、问题突出、群众反映强烈的地区，可以约谈所在地区县级以上地方人民政府及其有关部门主要负责人，要求其采取措施及时整改。约谈整改情况应当向社会公开。”

**（四）填空题**

1. 不动产登记机构；自然资源主管部门。（《森林法》第15条第1款）
2. 林业经营者；使用权。（《森林法》第16条第1款）
3. 保护、培育森林资源。（《森林法》第16条第2款）
4. 承包经营权；林木所有权；出租（转包）、入股、转让。（《森林法》第17条）
5. 林木所有权；林地使用权。（《森林法》第22条第2款）
6. 砍伐有争议的林木；改变林地现状。（《森林法》第22条第4款）
7. 林下经济。（《森林法》第49条第3款）
8. 采伐许可证。（《森林法》第56条第2款）
9. 森林认证。（《森林法》第64条）

10. 侵权责任。(《森林法》第71条)

**(五)简答题**

1. 答:《森林法》第48条第2款规定:“下列区域的林地和林地上的森林,应当划定为公益林:(一)重要江河源头汇水区域;(二)重要江河干流及支流两岸、饮用水水源地保护区;(三)重要湿地和重要水库周围;(四)森林和陆生野生动物类型的自然保护区;(五)荒漠化和水土流失严重地区的防风固沙林基干林带;(六)沿海防护林基干林带;(七)未开发利用的原始林地区;(八)需要划定的其他区域。”

2. 答:《森林法》第50条规定:“国家鼓励发展下列商品林:(一)以生产木材为主要目的的森林;(二)以生产果品、油料、饮料、调料、工业原料和药材等林产品为主要目的的森林;(三)以生产燃料和其他生物质能源为主要目的的森林;(四)其他以发挥经济效益为主要目的的森林。在保障生态安全的前提下,国家鼓励建设速生丰产、珍贵树种和大径级用材林,增加林木储备,保障木材供给安全。”

# 九、草原法

## （一）判断题

1. 任何单位和个人都有遵守草原法律法规、保护草原的义务，同时享有对违反草原法律法规、破坏草原的行为进行监督、检举和控告的权利。（　　）
2. 草原属于集体所有。（　　）
3. 集体所有的草原或者依法确定给集体经济组织使用的国家所有的草原，可以由本集体经济组织内的家庭或者联户承包经营。（　　）
4. 承包经营草原的单位和个人，应当履行保护、建设和按照承包合同约定的用途合理利用草原的义务。（　　）
5. 草原承包经营权转让可以不经发包方同意。（　　）

## （二）单项选择题

1. 任何（　　）不得侵占、买卖或者以其他形式非法转让草原。

   A. 单位　　B. 个人

   C. 单位或者个人　　D. 组织

2. 草原承包经营权受法律保护，可以按照（　　）的原则依法转让。

   A. 自愿、有偿　　B. 平等

   C. 意思自治　　D. 自愿

3. 草原承包经营权转让的受让方必须具有从事畜牧业生产的能力，并应当履行（　　）和按照承包合同约定的用途合理利用草原的义务。

   A. 保护、建设　　B. 保护

   C. 建设　　D. 开发

4. 县级以上人民政府应当根据草原保护、建设、利用规划，在本级国民经济和社会发展计划中安排资金用于草原改良、人工种草和草种生产，任何单位或者个人不得（　　）；县级以上人民政府财政部门和审计部门应当加强监督管理。

A. 破坏　　B. 污染

C. 挪用　　D. 截留、挪用

5. 牧区的草原承包经营者应当实行(　　)，合理配置畜群，均衡利用草原。

A. 休牧　　B. 划区轮牧

C. 划区轮作　　D. 连续放牧

6. 草原所有权、使用权的争议，由当事人协商解决；协商不成的，由有关人民政府处理。单位之间的争议，由县级以上人民政府处理；个人之间、个人与单位之间的争议，由乡（镇）人民政府或者县级以上人民政府处理。当事人对有关人民政府的处理决定不服的，可以依法向(　　)起诉。

A. 人民检察院　　B. 居民委员会

C. 人民法院　　D. 村民委员会

7. 临时占用草原的期限不得超过(　　)，并不得在临时占用的草原上修建永久性建筑物、构筑物；占用期满，用地单位必须恢复草原植被并及时退还。

A. 1 年　　B. 2 年

C. 3 年　　D. 4 年

## （三）多项选择题

1. 草原承包经营者应当采取种植和储备饲草饲料、(　　)等措施，保持草畜平衡。

A. 调剂处理牲畜　　B. 优化畜群结构

C. 增加饲草饲料供应量　　D. 提高出栏率

2. 承包经营草原，发包方和承包方应当签订书面合同。草原承包合同的内容应当包括(　　)承包草原用途和违约责任等。承包期届满，原承包经营者在同等条件下享有优先承包权。

A. 双方的权利和义务　　B. 承包草原四至界限

C. 面积和等级　　D. 承包期和起止日期

3. 下列说法正确的是：(　　)

A. 进行矿藏开采和工程建设，可以多占草原

B. 国家提倡在农区、半农半牧区和有条件的牧区实行牲畜圈养。草原承包经营者应当按照饲养牲畜的种类和数量，调剂、储备饲草饲料，采用青贮和饲草饲料加工等新技术，逐步改变依赖天然草地放牧的生产方式

C. 草原承包经营者应当合理利用草原，不得超过草原行政主管部门核定的载畜量

D. 国家鼓励单位和个人投资建设草原，按照谁投资、谁受益的原则保护草原投资建设者的合法权益

## （四）填空题

1. 任何单位和个人都有遵守草原法律法规、保护草原的义务，同时享有对违反草原法律法规、破坏草原的行为进行____的权利。
2. 依法登记的草原所有权和使用权受法律保护，任何____不得侵犯。
3. 遇到自然灾害等特殊情况，需要临时调剂使用草原的，按照____的原则，由双方____解决；需要跨县临时调剂使用草原的，由有关县级人民政府或者共同的上级人民政府组织协商解决。
4. 因建设征收、征用或者使用草原的，应当交纳____。草原植被恢复费专款专用，由草原行政主管部门按照规定用于恢复草原植被，任何单位和个人不得____。
5. 县级以上人民政府应当支持、鼓励和引导农牧民____等生产生活设施的建设。
6. 县级以上地方人民政府应当支持____，发展草原节水灌溉，改善人畜饮水条件。
7. 需要____草原的，应当经县级以上地方人民政府草原行政主管部门审核同意。
8. 对在国务院批准规划范围内实施退耕还草的农牧民，按照国家规定给予____。退耕还草完成后，由县级以上人民政府草原行政主管部门核实登记，依法履行土地用途变更手续，发放____。
9. 在草原上从事____等作业活动，应当报县级人民政府草原行政主管部门批准；开采矿产资源的，并应当依法办理有关手续。

## （五）简答题

1. 草原监督检查人员履行监督检查职责时，有权采取哪些措施？
2. 对于草原所有权、使用权的争议如何处理？

# 参考答案

### （一）判断题

1. √，解析：根据《草原法》第1条。
2. ×，解析：根据《草原法》第9条第1款规定：“草原属于国家所有，由法律规定属于集体所有的除外。国家所有的草原，由国务院代表国家行使所有权。”
3. √，解析：根据《草原法》第13条第1款。
4. √，解析：根据《草原法》第13条第3款。
5. ×，解析：根据《草原法》第15条第3款规定：“草原承包经营权转让应当经发包方同意。承包方与受让方在转让合同中约定的转让期限，不得超过原承包合同剩余的期限。”

### （二）单项选择题

1. C，解析：根据《草原法》第9条第2款规定：“任何单位或者个人不得侵占、买卖或者以其他形式非法转让草原。”
2. A，解析：根据《草原法》第15条第1款规定：“草原承包经营权受法律保护，可以按照自愿、有偿的原则依法转让。”
3. A，解析：根据《草原法》第15条第2款规定：“草原承包经营权转让的受让方必须具有从事畜牧业生产的能力，并应当履行保护、建设和按照承包合同约定的用途合理利用草原的义务。”
4. D，解析：根据《草原法》第32条规定：“县级以上人民政府应当根据草原保护、建设、利用规划，在本级国民经济和社会发展计划中安排资金用于草原改良、人工种草和草种生产，任何单位或者个人不得截留、挪用；县级以上人民政府财政部门和审计部门应当加强监督管理。”
5. B，解析：根据《草原法》第34条规定：“牧区的草原承包经营者应当实行划区轮牧，合理配置畜群，均衡利用草原。”

6. C，解析：根据《草原法》第 16 条第 1、2、3 款规定："草原所有权、使用权的争议，由当事人协商解决；协商不成的，由有关人民政府处理。单位之间的争议，由县级以上人民政府处理；个人之间、个人与单位之间的争议，由乡（镇）人民政府或者县级以上人民政府处理。当事人对有关人民政府的处理决定不服的，可以依法向人民法院起诉。"
7. B，解析：根据《草原法》第 40 条第 2 款规定："临时占用草原的期限不得超过二年，并不得在临时占用的草原上修建永久性建筑物、构筑物；占用期满，用地单位必须恢复草原植被并及时退还。"

**（三）多项选择题**

1. ABCD，解析：根据《草原法》第 33 条规定："草原承包经营者应当采取种植和储备饲草饲料、增加饲草饲料供应量、调剂处理牲畜、优化畜群结构、提高出栏率等措施，保持草畜平衡。"
2. ABCD，解析：根据《草原法》第 14 条第 1 款规定："承包经营草原，发包方和承包方应当签订书面合同。草原承包合同的内容应当包括双方的权利和义务、承包草原四至界限、面积和等级、承包期和起止日期、承包草原用途和违约责任等。承包期届满，原承包经营者在同等条件下享有优先承包权。"
3. BCD，解析：根据《草原法》第 38 条规定："进行矿藏开采和工程建设，应当不占或者少占草原；确需征收、征用或者使用草原的，必须经省级以上人民政府草原行政主管部门审核同意后，依照有关土地管理的法律、行政法规办理建设用地审批手续。"

**（四）填空题**

1. 监督、检举和控告。（《草原法》第 5 条）
2. 单位或者个人。（《草原法》第 12 条）
3. 自愿互利；协商。（《草原法》第 37 条）
4. 草原植被恢复费；截留、挪用。（《草原法》第 39 条第 2 款）
5. 开展草原围栏、饲草饲料储备、牲畜圈舍、牧民定居点。（《草原法》第 28 条第 1 款）
6. 草原水利设施建设。（《草原法》第 28 条第 2 款）
7. 临时占用。（《草原法》第 40 条第 1 款）
8. 粮食、现金、草种费补助；草原权属证书。（《草原法》第 48 条第 2 款）
9. 采土、采砂、采石。（《草原法》第 50 条第 1 款）

（五）简答题

1. 答:《草原法》第 57 条规定：“草原监督检查人员履行监督检查职责时，有权采取下列措施：（一）要求被检查单位或者个人提供有关草原权属的文件和资料，进行查阅或者复制；（二）要求被检查单位或者个人对草原权属等问题作出说明；（三）进入违法现场进行拍照、摄像和勘测；（四）责令被检查单位或者个人停止违反草原法律、法规的行为，履行法定义务。”
2. 答:《草原法》第 16 条规定：“草原所有权、使用权的争议，由当事人协商解决；协商不成的，由有关人民政府处理。单位之间的争议，由县级以上人民政府处理；个人之间、个人与单位之间的争议，由乡（镇）人民政府或者县级以上人民政府处理。当事人对有关人民政府的处理决定不服的，可以依法向人民法院起诉。在草原权属争议解决前，任何一方不得改变草原利用现状，不得破坏草原和草原上的设施。”

# 十、渔业法

## （一）判断题

1. 县级以上地方人民政府在核发养殖证时，应当优先安排当地的渔业生产者。（　　）
2. 当事人因使用国家规划确定用于养殖业的水域、滩涂从事养殖生产发生争议的，按照有关法律规定的程序处理。在争议解决以前，任何一方都可以破坏养殖生产。（　　）
3. 渔港建设应当遵守国家的统一规划，实行谁投资谁受益的原则。县级以上地方人民政府应当对位于本行政区域内的渔港加强监督管理，维护渔港的正常秩序。（　　）
4. 制造、销售禁用的渔具的，没收非法制造、销售的渔具和违法所得，并处1万元以下的罚款。（　　）
5. 未依法取得捕捞许可证擅自进行捕捞的，没收渔获物和违法所得，并处10万元以下的罚款。（　　）
6. 外国人、外国渔船违反本法规定，擅自进入中华人民共和国管辖水域从事渔业生产和渔业资源调查活动的，责令其离开或者将其驱逐，可以没收渔获物、渔具，并处50万元以下的罚款。（　　）
7. 到他国管辖海域从事捕捞作业的，应当经国务院渔业行政主管部门批准，并遵守中华人民共和国缔结的或者参加的有关条约、协定和有关国家的法律。（　　）

## （二）单项选择题

1. 关于《渔业法》，下列说法中错误的是：（　　）

   A. 用于渔业并兼有调蓄、灌溉等功能的水体，有关主管部门应当确定渔业生产所需的最低水位线

   B. 捕杀、伤害国家重点保护的水生野生动物是被法律允许的

C. 在禁渔区或者禁渔期内禁止销售非法捕捞的渔获物

D. 未经国务院渔业行政主管部门批准，任何单位或者个人不得在水产种质资源保护区内从事捕捞活动

2. 因科学研究、驯养繁殖、展览或者其他特殊情况，需要捕捞国家重点保护的水生野生动物的，依照(　　)的规定执行。

A. 《森林法》　　B. 《种子法》

C. 《野生动物保护法》　　D. 《渔业法》

## （三）多项选择题

1. 具备下列哪些条件的，方可发给捕捞许可证：(　　)

A. 有渔业船舶检验证书

B. 有渔业船舶登记证书

C. 符合国务院渔业行政主管部门规定的其他条件

D. 有渔船

2. 关于《渔业法》，下列说法正确的有：(　　)

A. 禁止使用炸鱼、毒鱼、电鱼等破坏渔业资源的方法进行捕捞

B. 禁止制造、销售、使用禁用的渔具

C. 禁渔期可以适度捕捞

D. 可以使用小于最小网目尺寸的网具进行捕捞

3. 国家鼓励全民所有制单位、集体所有制单位和个人充分利用适于养殖的(　　)，发展养殖业。

A. 山脉　　B. 丘陵

C. 水域　　D. 滩涂

4. 在(　　)等方面成绩显著的单位和个人，由各级人民政府给予精神的或者物质的奖励。

A. 破坏渔业资源

B. 增殖和保护渔业资源

C. 发展渔业生产

D. 进行渔业科学技术研究

## （四）填空题

1. 造成渔业水域生态环境破坏或者渔业污染事故的，依照____和____的规定追究法律责任。
2. 从事捕捞作业的单位和个人，必须按照捕捞许可证关于作业类型、场所、时限、渔具数量和捕捞限额的规定进行作业，并遵守国家有关保护____的规定，大中型渔船应当填写____。
3. 制造、更新改造、购置、进口的从事捕捞作业的船舶必须经____检验合格后，方可下水作业。具体管理办法由国务院规定。
4. 在水生动物苗种重点产区引水用水时，应当____，保护苗种。
5. 使用炸鱼、毒鱼、电鱼等破坏渔业资源方法进行捕捞的，违反关于禁渔区、禁渔期的规定进行捕捞的，或者使用禁用的渔具、捕捞方法和小于最小网目尺寸的网具进行捕捞或者渔获物中幼鱼超过规定比例的，没收渔获物和违法所得，处五万元以下的____；情节严重的，没收____，吊销____；情节特别严重的，可以没收____；构成犯罪的，依法追究____。

## （五）简答题

1. 简述国家对捕捞业实行捕捞许可证制度。
2. 简述《渔业法》的立法目的。

# 参考答案

### （一）判断题

1. √，解析：根据《渔业法》第 12 条。
2. ×，解析：根据《渔业法》第 13 条规定：“当事人因使用国家规划确定用于养殖业的水域、滩涂从事养殖生产发生争议的，按照有关法律规定的程序处理。在争议解决以前，任何一方不得破坏养殖生产。”
3. √，解析：根据《渔业法》第 27 条规定。
4. √，解析：根据《渔业法》第 38 条第 3 款规定。
5. √，解析：根据《渔业法》第 41 条规定。

6. √，解析：根据《渔业法》第46条规定。

7. √，解析：根据《渔业法》第23条规定。

**（二）单项选择题**

1. B，解析：根据《渔业法》第37条规定：“禁止捕杀、伤害国家重点保护的水生野生动物。”

2. C，解析：根据《渔业法》第37条规定：“因科学研究、驯养繁殖、展览或者其他特殊情况，需要捕捞国家重点保护的水生野生动物的，依照《野生动物保护法》的规定执行。”

**（三）多项选择题**

1. ABC，解析：根据《渔业法》第24条规定：“具备下列条件的，方可发给捕捞许可证：（一）有渔业船舶检验证书；（二）有渔业船舶登记证书；（三）符合国务院渔业行政主管部门规定的其他条件。”

2. AB，解析：根据《渔业法》第30条第1款规定：“禁止在禁渔区、禁渔期进行捕捞。禁止使用小于最小网目尺寸的网具进行捕捞。”

3. CD，解析：根据《渔业法》第10条规定：“国家鼓励全民所有制单位、集体所有制单位和个人充分利用适于养殖的水域、滩涂，发展养殖业。”

4. BCD，解析：根据《渔业法》第5条规定：“在增殖和保护渔业资源、发展渔业生产、进行渔业科学技术研究等方面成绩显著的单位和个人，由各级人民政府给予精神的或者物质的奖励。”

**（四）填空题**

1.《海洋环境保护法》；《水污染防治法》。（《渔业法》第36条第2款）

2. 渔业资源；渔捞日志。（《渔业法》第25条）

3. 渔业船舶检验部门。（《渔业法》第26条）

4. 采取措施。（《渔业法》第31条第2款）

5. 罚款；渔具；捕捞许可证；渔船；刑事责任。（《渔业法》第38条第1款）

**（五）简答题**

1. 答：《渔业法》第23条规定：“国家对捕捞业实行捕捞许可证制度。到中华人民共和国与有关国家缔结的协定确定的共同管理的渔区或者公海从事捕捞作业的捕捞许可证，由国务院渔业行政主管部门批准发放。海洋大型拖网、围网作业的捕捞许可证，由省、自治区、直辖市人民政府渔业行政主管部门批准发放。其他作业的捕捞许可证，由县级以上地方人民政府渔业行政主管部门批准发放；但是，批准发放海洋作业的捕捞许可证不得超过国家下达的船网工具控制指标，具体办法由省、自治区、直辖市人民政府规定。捕捞许可证不得买卖、出租和以其他形式转让，不得涂改、伪造、变造。到他国管辖海域从事捕捞作业的，应当经国务院渔业行政主管部门批准，并遵守中华人民共和国缔结的或者参加的有关条约、协定和有关国家的法律。”

2. 答：《渔业法》第 1 条规定：“为了加强渔业资源的保护、增殖、开发和合理利用，发展人工养殖，保障渔业生产者的合法权益，促进渔业生产的发展，适应社会主义建设和人民生活的需要，特制定本法。”

# 十一、农业技术推广法

## （一）判断题

1. 国家鼓励和支持科技人员开发、推广应用先进的农业技术，鼓励和支持农业劳动者和农业生产经营组织应用先进的农业技术。（　　）
2. 国家鼓励运用现代信息技术等先进传播手段，普及农业科学技术知识，创新农业技术推广方式方法，提高推广效率。（　　）
3. 国务院农业、林业、水利等部门（以下统称农业技术推广部门）按照各自的职责，负责全国范围内有关的农业技术推广工作。县级以上地方各级人民政府农业技术推广部门在同级人民政府的领导下，按照各自的职责，负责本行政区域内有关的农业技术推广工作。同级人民政府科学技术部门对农业技术推广工作进行指导。同级人民政府其他有关部门按照各自的职责，负责农业技术推广的有关工作。（　　）
4. 乡镇国家农业技术推广机构，可以实行县级人民政府农业技术推广部门管理为主或者乡镇人民政府管理为主、县级人民政府农业技术推广部门业务指导的体制，具体由国务院确定。（　　）
5. 国家农业技术推广机构聘用的新进专业技术人员，应当具有本科以上有关专业学历，并通过县级以上人民政府有关部门组织的专业技术水平考核。自治县、民族乡和国家确定的连片特困地区，经省、自治区、直辖市人民政府有关部门批准，可以聘用具有中专有关专业学历的人员或者其他具有相应专业技术水平的人员。（　　）
6. 国家鼓励和支持高等学校毕业生和科技人员到基层从事农业技术推广工作。各级人民政府应当采取措施，吸引人才，充实和加强基层农业技术推广队伍。（　　）
7. 国家鼓励和支持以大宗农产品和优势特色农产品生产为重点的农业示范区建设，发挥示范区对农业技术推广的引领作用，促进农业产业化发展和现代农业建设。（　　）

## （二）单项选择题

1. (　　)应当加强对农业技术推广工作的领导，组织有关部门和单位采取措施，提高农业技术推广服务水平，促进农业技术推广事业的发展。

A. 各级人民政府　　B. 人民法院

C. 人民检察院　　D. 公安机关

2. 国家鼓励和支持供销合作社、其他企业事业单位、社会团体以及社会各界(　　)的，开展农业技术推广服务。

A. 教育人员　　B. 医疗人员

C. 科技人员　　D. 文艺工作者

3. 乡镇人民政府管理为主、县级人民政府农业技术推广部门业务指导的乡镇国家农业技术推广机构的人员，其业务考核、岗位聘用以及晋升，应当充分听取所在地的(　　)和服务对象的意见。

A. 县级人民政府农业技术推广部门

B. 人民法院

C. 人民检察院

D. 公安机关

## （三）多项选择题

1. 农业技术推广，实行国家农业技术推广机构与(　　)、群众性科技组织、农民技术人员等相结合的推广体系。

A. 农业科研单位　　B. 有关学校

C. 农民专业合作社　　D. 涉农企业

2. 国家扶持农业技术推广事业，加快农业技术的普及应用，发展(　　)、生态、安全农业。

A. 高产　　B. 发展

C. 优质　　D. 高效

## （四）填空题

1. 国家鼓励运用____等先进传播手段，普及____，创新农业技术推广方式方法，提高推广效率。

2. 各级人民政府应当加强对农业技术推广工作的____，组织有关部门和单位采取措施，提高____，促进农业技术推广事业的发展。

3. 国务院农业、林业、水利等部门（以下统称农业技术推广部门）按照各自的职责，负责全国范围内有关的农业技术推广工作。县级以上地方各级人民政府农业技术推广部门在____的领导下，按照各自的职责，负责本行政区域内有关的____。同级人民政府科学技术部门对农业技术推广工作进行指导。同级人民政府其他有关部门按照各自的职责，负责农业技术推广的有关工作。

4. 根据____的原则以及县域农业特色、森林资源、水系和水利设施分布等情况，因地制宜设置县、乡镇或者区域国家____。

5. 国家农业技术推广机构的岗位设置应当以专业技术岗位为主。乡镇国家农业技术推广机构的岗位应当全部为专业技术岗位，县级国家农业技术推广机构的专业技术岗位不得低于机构岗位总量的____，其他国家农业技术推广机构的专业技术岗位不得低于机构岗位总量的____。

6. 国家农业技术推广机构聘用的新进专业技术人员，应当具有大专以上有关专业学历，并通过县级以上人民政府有关部门组织的____。自治县、民族乡和国家确定的连片特困地区，经省、自治区、直辖市人民政府有关部门批准，可以聘用具有____的人员或者其他具有相应专业技术水平的人员。

7. 农业科研单位和有关学校应当适应农村经济建设发展的需要，开展____，加快先进技术在农业生产中的____。

8. 各级人民政府通过财政拨款以及从农业发展基金中提取一定比例的资金的渠道，筹集农业技术推广____，用于实施____。中央财政对重大农业技术推广给予补助。

9. 各级人民政府应当采取措施，保障和改善县、乡镇国家农业技术推广机构的专业技术人员的____，并按照国家规定给予补贴，保持国家农业技术推广队伍的____。

## （五）简答题

1. 简述农业技术推广应当遵循的原则。
2. 简述各级国家农业技术推广机构履行哪些公益性职责。

# 参考答案

### （一）判断题

1. √，解析：根据《农业技术推广法》第5条第1款。
2. √，解析：根据《农业技术推广法》第5条第2款。
3. √，解析：根据《农业技术推广法》第9条。
4. ×，解析：根据《农业技术推广法》第12条第2款规定："乡镇国家农业技术推广机构，可以实行县级人民政府农业技术推广部门管理为主或者乡镇人民政府管理为主、县级人民政府农业技术推广部门业务指导的体制，具体由省、自治区、直辖市人民政府确定。"
5. ×，解析：根据《农业技术推广法》第14条第2款规定："国家农业技术推广机构聘用的新进专业技术人员，应当具有大专以上有关专业学历，并通过县级以上人民政府有关部门组织的专业技术水平考核。自治县、民族乡和国家确定的连片特困地区，经省、自治区、直辖市人民政府有关部门批准，可以聘用具有中专有关专业学历的人员或者其他具有相应专业技术水平的人员。"
6. √，解析：根据《农业技术推广法》第14条第3款。
7. √，解析：根据《农业技术推广法》第26条。

### （二）单项选择题

1. A，解析：《农业技术推广法》第7条规定："各级人民政府应当加强对农业技术推广工作的领导，组织有关部门和单位采取措施，提高农业技术推广服务水平，促进农业技术推广事业的发展。"
2. C，解析：根据《农业技术推广法》第10条第2款规定："国家鼓励和支持供销合作社、其他企业事业单位、社会团体以及社会各界的科技人员，开展农业技术推广服务。"
3. A，解析：根据《农业技术推广法》第32条第4款规定："乡镇人民政府管理为主、县级人民政府农业技术推广部门业务指导的乡镇国家农业技术推广机构的人员，其业务考核、岗位聘用以及晋升，应当充分听取所在地的县级人民政府农业技术推广部门和服务对象的意见。”

**（三）多项选择题**

1. ABCD，解析：根据《农业技术推广法》第 10 条第 1 款规定：“农业技术推广，实行国家农业技术推广机构与农业科研单位、有关学校、农民专业合作社、涉农企业、群众性科技组织、农民技术人员等相结合的推广体系。”
2. ABCD，解析：根据《农业技术推广法》第 3 条规定：“国家扶持农业技术推广事业，加快农业技术的普及应用，发展高产、优质、高效、生态、安全农业。”

**（四）填空题**

1. 现代信息技术；农业科学技术知识。（《农业技术推广法》第 5 条第 2 款）
2. 领导；农业技术推广服务水平。（《农业技术推广法》第 7 条）
3. 同级人民政府；农业技术推广工作。（《农业技术推广法》第 9 条）
4. 科学合理、集中力量；农业技术推广机构。（《农业技术推广法》第 12 条第 1 款）
5. 80%；70%。（《农业技术推广法》第 13 条第 2 款）
6. 专业技术水平考核；中专有关专业学历。（《农业技术推广法》第 14 条第 2 款）
7. 农业技术开发和推广工作；普及应用。（《农业技术推广法》第 16 条第 1 款）
8. 专项资金；农业技术推广项目。（《农业技术推广法》第 28 条第 2 款）
9. 工作条件、生活条件和待遇；稳定。（《农业技术推广法》第 29 条第 1 款）

**（五）简答题**

1. 答：《农业技术推广法》第 4 条规定：“农业技术推广应当遵循下列原则：（一）有利于农业、农村经济可持续发展和增加农民收入；（二）尊重农业劳动者和农业生产经营组织的意愿；（三）因地制宜，经过试验、示范；（四）公益性推广与经营性推广分类管理；（五）兼顾经济效益、社会效益，注重生态效益。”
2. 答：《农业技术推广法》第 11 条规定：“各级国家农业技术推广机构属于公共服务机构，履行下列公益性职责：（一）各级人民政府确定的关键农业技术的引进、试验、示范；（二）植物病虫害、动物疫病及农业灾害的监测、预报和预防；（三）农产品生产过程中的检验、检测、监测咨询技术服务；（四）农业资源、森林资源、农业生态安全和农业投入品使用的监测服务；（五）水资源管理、防汛抗旱和农田水利建设技术服务；（六）农业公共信息和农业技术宣传教育、培训服务；（七）法律、法规规定的其他职责。”

# 十二、农业机械化促进法

## （一）判断题

1. 国家引导、支持农民和农业生产经营组织自主选择先进适用的农业机械。任何单位和个人不得强迫农民和农业生产经营组织购买其指定的农业机械产品。（　　）
2. 国家采取措施，开展农业机械化科技知识的宣传和教育，培养农业机械化专业人才，推进农业机械化信息服务，提高农业机械化水平。（　　）
3. 国务院农业行政主管部门和其他负责农业机械化有关工作的部门，按照各自的职责分工，密切配合，共同做好农业机械化促进工作。（　　）
4. 县级以上地方人民政府主管农业机械化工作的部门和其他有关部门，按照各自的职责分工，密切配合，共同做好本行政区域的农业机械化促进工作。（　　）
5. 国家支持有关科研机构和院校加强农业机械化科学技术研究，根据不同的农业生产条件和农民需求，研究开发先进适用的农业机械。（　　）
6. 国务院应当组织有关单位采取技术攻关、试验、示范等措施，促进基础性、关键性、公益性农业机械科学研究和先进适用的农业机械的推广应用。（　　）
7. 国家支持引进、利用先进的农业机械、关键零配件和技术，鼓励引进外资从事农业机械的研究、开发、生产和经营。（　　）
8. 国家加强农业机械化标准体系建设，制定和完善农业机械产品质量、维修质量和作业质量等标准。对农业机械产品涉及人身安全、农产品质量安全和环境保护的技术要求，应当按照有关法律、行政法规的规定制定强制执行的技术规范。（　　）
9. 省级人民政府会同国务院财政部门、经济综合宏观调控部门，根据促进农业结构调整、保护自然资源与生态环境、推广农业新技术与加快农机具更新的原则，确定、公布国家支持推广的先进适用的农业机械产品目

录，并定期调整。(　　)

10. 国家鼓励和支持农民合作使用农业机械，提高农业机械利用率和作业效率，提高作业成本。(　　)

## (二) 单项选择题

1. 农业机械生产者、经营者、维修者可以依照法律、行政法规的规定，自愿成立(　　)，实行行业自律，为会员提供服务，维护会员的合法权益。

A. 志愿者协会　　B. 行业协会

C. 居民委员会　　D. 村民委员会

2. 国家设立的(　　)应当以试验示范基地为依托，为农民和农业生产经营组织无偿提供公益性农业机械技术的推广、培训等服务。

A. 基层农业机械技术推广机构　　B. 国务院

C. 中央军事委员会　　D. 最高人民法院

3. (　　)应当把推进农业机械化纳入国民经济和社会发展计划，采取财政支持和实施国家规定的税收优惠政策以及金融扶持等措施，逐步提高对农业机械化的资金投入，充分发挥市场机制的作用，按照因地制宜、经济有效、保障安全、保护环境的原则，促进农业机械化的发展。

A. 省级以上人民政府　　B. 县级以上人民政府

C. 国务院　　D. 全国人民代表大会

4. (　　)应当按照国家标准、行业标准和保障人身安全的要求，在其生产的农业机械产品上设置必要的安全防护装置、警示标志和中文警示说明。

A. 农民　　B. 个体工商户

C. 农业机械生产者　　D. 商人

## (三) 多项选择题

1. 关于《农业机械化促进法》，下列说法中正确的是：(　　)

A. 禁止利用残次零配件和报废机具的部件拼装农业机械产品

B. 禁止生产、销售不符合国家技术规范强制性要求的农业机械产品

C. 农业机械生产者或者销售者，可以委托农业机械试验鉴定机构，对其定型生产或者销售的农业机械产品进行适用性、安全性和可靠性检测，

作出技术评价

D. 国务院农业行政主管部门会同国务院财政部门、经济综合宏观调控部门，根据促进农业结构调整、保护自然资源与生态环境、推广农业新技术与加快农机具更新的原则，确定、公布国家支持推广的先进适用的农业机械产品目录，并定期调整

2. 国家支持引进、利用先进的(　　)，鼓励引进外资从事农业机械的研究、开发、生产和经营。

A. 农业机械　　B. 文化

C. 关键零配件　　D. 技术

3. 国务院农业行政主管部门和省级人民政府主管农业机械化工作的部门根据农业机械使用者的投诉情况和农业生产的实际需要，可以组织对在用的特定种类农业机械产品的(　　)进行调查，并公布调查结果。

A. 适用性　　B. 安全性

C. 可靠性　　D. 售后服务状况

## （四）填空题

1. 国家支持农业机械生产者开发____，采用先进技术、先进工艺和先进材料，提高农业机械产品的____，降低____，提供系列化、标准化、多功能和质量优良、节约能源、价格合理的农业机械产品。
2. 国家支持引进、利用先进的____、____和____，鼓励引进外资从事农业机械的研究、开发、生产和经营。
3. 农业机械生产者或者销售者，可以____农业机械试验鉴定机构，对其定型生产或者销售的农业机械产品进行____、____和____检测，作出技术评价。
4. 国务院农业行政主管部门和县级以上地方人民政府主管农业机械化工作的部门，应当按照____、____的方针，加强对农业机械安全使用的宣传、教育和管理。
5. 农民、农业机械作业组织可以按照双方____的原则，为本地或者外地的农民和农业生产经营组织提供____。
6. 从事农业机械维修，应当具备与维修业务相适应的____、____和具有农

业机械维修职业技能的____，保证维修质量。

7. 农业机械生产者、经营者、维修者可以依照法律、行政法规的规定，自愿成立____，实行____，为会员提供服务，维护会员的合法权益。

8. 补贴资金的使用应当遵循公开、公正、及时、有效的原则，可以向农民和农业生产经营组织发放，也可以采用____方式支持金融机构向农民和农业生产经营组织购买先进适用的农业机械____。

9. 从事农业机械生产作业服务的收入，按照国家规定给予____。

10. 国家采取措施，鼓励和支持农业机械生产者增加____、____、____的研究开发投入，并对农业机械的科研开发和制造实施税收优惠政策。

## （五）简答题

1. 简述《农业机械化促进法》的立法目的。

2. 简述《农业机械化促进法》所称农业机械化和农业机械的含义。

# 参考答案

### （一）判断题

1. √，解析：根据《农业机械化促进法》第 4 条

2. √，解析：根据《农业机械化促进法》第 5 条

3. √，解析：根据《农业机械化促进法》第 6 条第 1 款

4. √，解析：根据《农业机械化促进法》第 6 条第 2 款

5. √，解析：根据《农业机械化促进法》第 8 条

6. ×，解析：根据《农业机械化促进法》第 7 条规定："省级以上人民政府及其有关部门应当组织有关单位采取技术攻关、试验、示范等措施，促进基础性、关键性、公益性农业机械科学研究和先进适用的农业机械的推广应用。"

7. √，解析：根据《农业机械化促进法》第 10 条

8. √，解析：根据《农业机械化促进法》第 11 条

9. ×，解析：根据《农业机械化促进法》第 18 条第 1 款规定："国务院农业行政主管部门会同国务院财政部门、经济综合宏观调控部门，根据促进农业结构调整、保护自然资源与生态环境、推广农业新技术与加快农机具更新的原则，确定、公布国家支持推广的先进适用的农业机械产品目录，并定期调整。"

10. ×，解析：根据《农业机械化促进法》第 19 条第 1 款规定：“国家鼓励和支持农民合作使用农业机械，提高农业机械利用率和作业效率，降低作业成本。”

**（二）单项选择题**

1. B，解析：根据《农业机械化促进法》第 25 条规定：“农业机械生产者、经营者、维修者可以依照法律、行政法规的规定，自愿成立行业协会，实行行业自律，为会员提供服务，维护会员的合法权益。”
2. A，解析：根据《农业机械化促进法》第 23 条规定：“国家设立的基层农业机械技术推广机构应当以试验示范基地为依托，为农民和农业生产经营组织无偿提供公益性农业机械技术的推广、培训等服务。”
3. B，解析：根据《农业机械化促进法》第 3 条规定：“县级以上人民政府应当把推进农业机械化纳入国民经济和社会发展计划，采取财政支持和实施国家规定的税收优惠政策以及金融扶持等措施，逐步提高对农业机械化的资金投入，充分发挥市场机制的作用，按照因地制宜、经济有效、保障安全、保护环境的原则，促进农业机械化的发展。”
4. C，解析：根据《农业机械化促进法》第 13 条第 2 款规定：“农业机械生产者应当按照国家标准、行业标准和保障人身安全的要求，在其生产的农业机械产品上设置必要的安全防护装置、警示标志和中文警示说明。”

**（三）多项选择题**

1. ABCD，解析：根据《农业机械化促进法》第 15 条第 3 款，A 正确；根据《农业机械化促进法》第 15 条第 2 款，B 正确；根据《农业机械化促进法》第 16 条 2 款，C 正确；根据《农业机械化促进法》第 18 条第 1 款，D 正确。
2. ACD，解析：根据《农业机械化促进法》第 10 条规定：“国家支持引进、利用先进的农业机械、关键零配件和技术，鼓励引进外资从事农业机械的研究、开发、生产和经营。”
3. ABCD，解析：根据《农业机械化促进法》第 12 条第 2 款规定：“国务院农业行政主管部门和省级人民政府主管农业机械化工作的部门根据农业机械使用者的投诉情况和农业生产的实际需要，可以组织对在用的特定种类农业机械产品的适用性、安全性、可靠性和售后服务状况进行调查，并公布调查结果。”

**（四）填空题**

1. 先进适用的农业机械；质量和技术水平；生产成本。（《农业机械化促进法》第 9 条）
2. 农业机械；关键零配件；技术。（《农业机械化促进法》第 10 条）
3. 委托；适用性；安全性；可靠性。（《农业机械化促进法》第 16 条第 2 款）
4. 安全生产；预防为主。（《农业机械化促进法》第 20 条第 1 款）
5. 自愿、平等协商；各项有偿农业机械作业服务。（《农业机械化促进法》第 21 条第 1 款）
6. 仪器；设备；技术人员。（《农业机械化促进法》第 24 条）
7. 行业协会；行业自律。（《农业机械化促进法》第 25 条）
8. 贴息；提供贷款。（《农业机械化促进法》第 27 条）
9. 税收优惠。（《农业机械化促进法》第 28 条第 1 款）
10. 新产品；新技术；新工艺。（《农业机械化促进法》第 26 条第 1 款）

**（五）简答题**

1. 答:《农业机械化促进法》第 1 条规定:“为了鼓励、扶持农民和农业生产经营组织使用先进适用的农业机械，促进农业机械化，建设现代农业，制定本法。”
2. 答:《农业机械化促进法》第 2 条规定:“本法所称农业机械化，是指运用先进适用的农业机械装备农业，改善农业生产经营条件，不断提高农业的生产技术水平和经济效益、生态效益的过程。本法所称农业机械，是指用于农业生产及其产品初加工等相关农事活动的机械、设备。”

# 十三、耕地占用税法

## （一）判断题

1. 耕地占用税以纳税人实际占用的耕地面积为计税依据，按照规定的适用税额一次性征收，应纳税额为纳税人实际占用的耕地面积（平方米）乘以适用税额。（　　）
2. 军事设施、学校、幼儿园、社会福利机构、医疗机构占用耕地，免征耕地占用税。（　　）
3. 铁路线路、公路线路、飞机场跑道、停机坪、港口、航道、水利工程占用耕地，减按每平方米 2 元的税额征收耕地占用税。（　　）
4. 耕地占用税由税务机关负责征收。（　　）
5. 纳税人在批准临时占用耕地期满之日起 3 年内依法复垦，恢复种植条件的，全额退还已经缴纳的耕地占用税。（　　）
6. 占用园地、林地、草地、农田水利用地、养殖水面、渔业水域滩涂以及其他农用地建设建筑物、构筑物或者从事非农业建设的，依照《耕地占用税法》的规定缴纳耕地占用税。（　　）
7. 税务机关发现纳税人的纳税申报数据资料异常或者纳税人未按照规定期限申报纳税的，可以提请相关部门进行复核，相关部门应当自收到税务机关复核申请之日起 40 日内向税务机关出具复核意见。（　　）

## （二）单项选择题

1. 铁路线路、公路线路、飞机场跑道、停机坪、港口、航道、水利工程占用耕地，减按每平方米（　　）的税额征收耕地占用税。

   A. 1 元　　B. 1.5 元

   C. 2 元　　D. 3 元

2. 耕地占用税的纳税义务发生时间为纳税人收到自然资源主管部门办理占用耕地手续的书面通知的当日。纳税人应当自纳税义务发生之日起

(　　)内申报缴纳耕地占用税。

A. 30 日　　2. 40 日

C. 50 日　　D. 60 日

3. 耕地占用税的征收管理，依照《耕地占用税法》和(　　)的规定执行。

A.《土地管理法》　　B.《税收征收管理法》

C.《种子法》　　D.《草原法》

## (三) 多项选择题

1. 关于《耕地占用税法》，下列说法中错误的有：(　　)

A. 占用园地、林地、草地、农田水利用地、养殖水面、渔业水域滩涂以及其他农用地建设建筑物、构筑物或者从事非农业建设的，依照本法的规定缴纳耕地占用税

B. 农村烈士遗属、因公牺牲军人遗属、残疾军人以及符合农村最低生活保障条件的农村居民，在规定用地标准以内新建自用住宅，仍征收耕地占用税

C. 纳税人因建设项目施工或者地质勘查临时占用耕地，应当依照《耕地占用税法》的规定缴纳耕地占用税

D. 根据国民经济和社会发展的需要，省级人民政府可以规定免征或者减征耕地占用税的其他情形，报全国人民代表大会常务委员会备案

2. 关于《耕地占用税法》，下列说法中正确的有：(　　)

A. 占用耕地建设农田水利设施的，不缴纳耕地占用税

B. 各地区耕地占用税的适用税额，由省、自治区、直辖市人民政府根据人均耕地面积和经济发展等情况，在前款规定的税额幅度内提出，报同级人民代表大会常务委员会决定，并报全国人民代表大会常务委员会和国务院备案

C. 纳税人因建设项目施工或者地质勘查临时占用耕地，应当依照本法的规定缴纳耕地占用税

D. 税务机关发现纳税人的纳税申报数据资料异常或者纳税人未按照规定期限申报纳税的，可以提请相关部门进行复核，相关部门应当自收到税务机关复核申请之日起30日内向税务机关出具复核意见

## （四）填空题

**1. 自然资源主管部门凭耕地占用税完税凭证或者免税凭证和其他有关文件发放____。**

**2. 税务机关应当与相关部门建立耕地占用税涉税____和____。县级以上地方人民政府自然资源、农业农村、水利等相关部门应当定期向____提供农用地转用、临时占地等信息，协助税务机关加强耕地占用税征收管理。**

**3. ____、____、____、____、占用耕地，免征耕地占用税。**

4. 在人均耕地____的地区，省、自治区、直辖市可以根据当地经济发展情况，适当提高耕地占用税的____，但提高的部分不得超过《耕地占用税法》第4条第2款确定的适用税额的50%。

5. ____、____、____以及____，在规定用地标准以内新建自用住宅，免征耕地占用税。

6. 在中华人民共和国境内占用耕地建设建筑物、构筑物或者从事非农业建设的单位和个人，为耕地占用税的____，应当依照《耕地占用税法》规定缴纳____。

7. 占用耕地建设____的，不缴纳耕地占用税。

8. ____、____及其工作人员违反本法规定的，依照《中华人民共和国税收征收管理法》和有关法律法规的规定追究法律责任。

## （五）简答题

1. 简述《耕地占用税法》的立法目的。

2. 简述我国耕地占用税的税额。

# 参考答案

### （一）判断题

1. √，解析：根据《耕地占用税法》第3条。

2. √，解析：根据《耕地占用税法》第7条第1款。

3. √，解析：根据《耕地占用税法》第7条第2款。

4. √，解析：根据《耕地占用税法》第 9 条。
5. ×，解析：根据《耕地占用税法》第 11 条规定："纳税人因建设项目施工或者地质勘查临时占用耕地，应当依照本法的规定缴纳耕地占用税。纳税人在批准临时占用耕地期满之日起一年内依法复垦，恢复种植条件的，全额退还已经缴纳的耕地占用税。"
6. √，解析：根据《耕地占用税法》第 12 条第 1 款。
7. ×，解析：根据《耕地占用税法》第 13 条第 2 款规定："税务机关发现纳税人的纳税申报数据资料异常或者纳税人未按照规定期限申报纳税的，可以提请相关部门进行复核，相关部门应当自收到税务机关复核申请之日起三十日内向税务机关出具复核意见。"

**（二）单项选择题**

1. C，解析：根据《耕地占用税法》第 7 条第 2 款规定："铁路线路、公路线路、飞机场跑道、停机坪、港口、航道、水利工程占用耕地，减按每平方米二元的税额征收耕地占用税。"
2. A，解析：根据《耕地占用税法》第 10 条第 1 款规定："耕地占用税的纳税义务发生时间为纳税人收到自然资源主管部门办理占用耕地手续的书面通知的当日。纳税人应当自纳税义务发生之日起三十日内申报缴纳耕地占用税。"
3. B，解析：《耕地占用税法》第 14 条规定："耕地占用税的征收管理，依照本法和《税收征收管理法》的规定执行。"

**（三）多项选择题**

1. BD，解析：根据《耕地占用税法》第 12 条第 1 款，A 正确。《耕地占用税法》第 11 条，C 正确。《耕地占用税法》第 7 条第 3 款规定："农村居民在规定用地标准以内占用耕地新建自用住宅，按照当地适用税额减半征收耕地占用税；其中农村居民经批准搬迁，新建自用住宅占用耕地不超过原宅基地面积的部分，免征耕地占用税。"《耕地占用税法》第 7 条第 5 款规定："根据国民经济和社会发展的需要，国务院可以规定免征或者减征耕地占用税的其他情形，报全国人民代表大会常务委员会备案。"
2. ABCD，解析：根据《耕地占用税法》第 2 条第 2 款，A 正确；《耕地占用税法》第 4 条，B 正确；《耕地占用税法》第 11 条，C 正确；《耕地占用税法》第 13 条，D 正确。

**（四）填空题**

1. 建设用地批准书。（《耕地占用税法》第 10 条第 2 款）

2. 信息共享机制；工作配合机制；税务机关。（《耕地占用税法》第13条第1款）
3. 军事设施；学校；幼儿园；社会福利机构；医疗机构。（《耕地占用税法》第7条第1款）
4. 低于零点五亩；适用税额。（《耕地占用税法》第5条）
5. 农村烈士遗属；因公牺牲军人遗属；残疾军人；符合农村最低生活保障条件的农村居民。（《耕地占用税法》第7条第4款）
6. 纳税人；耕地占用税。（《耕地占用税法》第2条第1款）
7. 农田水利设施。（《耕地占用税法》第2条第2款）
8. 纳税人；税务机关。（《耕地占用税法》第15条）

（五）简答题

1. 答：《耕地占用税法》第1条规定："为了合理利用土地资源，加强土地管理，保护耕地，制定本法。"
2. 答：《耕地占用税法》第4条规定："耕地占用税的税额如下：（一）人均耕地不超过一亩的地区（以县、自治县、不设区的市、市辖区为单位，下同），每平方米为十元至五十元（二）人均耕地超过一亩但不超过二亩的地区，每平方米为八元至四十元；（三）人均耕地超过二亩但不超过三亩的地区，每平方米为八元至三丨元；（四）人均耕地超过二亩的地区，每平方米为五元至二十五元。"

# 十四、土地管理法

## （一）判断题

1. 为了加强土地管理，维护土地的社会主义公有制，保护、开发土地资源，合理利用土地，切实保护耕地，促进社会经济的可持续发展，根据宪法，制定《土地管理法》。（　　）
2. 十分珍惜、合理利用土地和切实保护耕地是我国的基本国策。各级人民政府应当采取措施，全面规划，严格管理，保护、开发土地资源，制止非法占用土地的行为。（　　）
3. 国务院自然资源主管部门统一负责全国土地的管理和监督工作（　　）
4. 城市市区的土地属于城市居民集体所有。（　　）
5. 国有土地和农民集体所有的土地，可以依法确定给单位或者个人使用。使用土地的单位和个人，有保护、管理和合理利用土地的义务。（　　）

## （二）单项选择题

1. 临时使用土地期限一般不超过：（　　）
   A. 1 年　　B. 2 年
   C. 3 年　　D. 4 年
2. （　　）对违反土地管理法律、法规的行为进行监督检查。
   A. 全国人大
   B. 检察院
   C. 人民法院
   D. 县级以上人民政府自然资源主管部门
3. 新增建设用地的土地有偿使用费，（　　）上缴中央财政。
   A. 10%　　B. 20%
   C. 30%　　D. 40%

4. 农村村民一户可以有（　　）处宅基地，其宅基地的面积不得超过省、自治区、直辖市规定的标准。

A. 一户　　B. 两户

C. 三户　　D. 依户籍人数而定

## （三）多项选择题

1. 国有土地和农民集体所有的土地，可以依法确定给单位或者个人使用。使用土地的单位和个人有哪些义务？（　　）

A. 保护土地

B. 管理土地

C. 合理利用土地

D. 随意处分土地

2. 哪些耕地应当根据土地利用总体规划划为永久基本农田，实行严格保护？（　　）

A. 蔬菜生产基地

B. 农业科研试验田

C. 教学试验田

D. 有良好的水利与水土保持设施的耕地

3. 建设单位使用国有土地，应当以出让等有偿使用方式取得；但是，哪些建设用地，经县级以上人民政府依法批准，可以以划拨方式取得？（　　）

A. 国家机关用地

B. 军事用地

C. 城市基础设施用地

D. 公益事业用地

4. 出现哪些情形的，由有关人民政府自然资源主管部门报经原批准用地的人民政府或者有批准权的人民政府批准，可以收回国有土地使用权？（　　）

A. 为实施城市规划进行旧城区改建以及其他公共利益需要，确需使用土地的

B. 土地出让等有偿使用合同约定的使用期限届满，土地使用者未申请续期或者申请续期未获批准的

C. 因单位撤销、迁移等原因，停止使用原划拨的国有土地的

D. 公路、铁路、机场、矿场等经核准报废的

## （四）填空题

1. 集体建设用地的使用者应当严格按照土地利用____、____确定的用途使用土地。
2. 地方各级人民政府应当支持被征地的农村集体经济组织和农民从事____，____。
3. 大中型水利、水电工程建设征收土地的____和____，由国务院另行规定。
4. ____被征收土地单位的征地补偿费用和其他有关费用，构成犯罪的，依法追究刑事责任；尚不构成犯罪的，依法给予处分。

## （五）简答题

1. 为了公共利益的需要，有哪些情形之一，确需征收农民集体所有的土地的，可以依法实施征收。
2. 土地利用总体规划应该按照哪些原则编制。
3. 国家实行永久基本农田保护制度。哪些耕地应当根据土地利用总体规划划为永久基本农田，实行严格保护。

# 参考答案

### （一）判断题

1. √，解析：根据《土地管理法》第1条。
2. √，解析：根据《土地管理法》第3条。
3. √，解析：根据《土地管理法》第5条第1款。
4. ×，解析：根据《土地管理法》第9条规定："城市市区的土地属于国家所有。

农村和城市郊区的土地，除由法律规定属于国家所有的以外，属于农民集体所有；宅基地和自留地、自留山，属于农民集体所有。”

3. √，解析：根据《土地管理法》第10条。

（二）单项选择题

1. B，解析：根据《土地管理法》第57条规定：“建设项目施工和地质勘查需要临时使用国有土地或者农民集体所有的土地的，由县级以上人民政府自然资源主管部门批准。其中，在城市规划区内的临时用地，在报批前，应当先经有关城市规划行政主管部门同意。土地使用者应当根据土地权属，与有关自然资源主管部门或者农村集体经济组织、村民委员会签订临时使用土地合同，并按照合同的约定支付临时使用土地补偿费。临时使用土地的使用者应当按照临时使用土地合同约定的用途使用土地，并不得修建永久性建筑物。临时使用土地期限一般不超过二年。”

2. D，解析：根据《土地管理法》第67条规定：“县级以上人民政府自然资源主管部门对违反土地管理法律、法规的行为进行监督检查。县级以上人民政府农业农村主管部门对违反农村宅基地管理法律、法规的行为进行监督检查的，适用本法关于自然资源主管部门监督检查的规定。土地管理监督检查人员应当熟悉土地管理法律、法规，忠于职守、秉公执法。”

3. C，解析：根据《土地管理法》第55条规定：“以出让等有偿使用方式取得国有土地使用权的建设单位，按照国务院规定的标准和办法，缴纳土地使用权出让金等土地有偿使用费和其他费用后，方可使用土地。自本法施行之日起，新增建设用地的土地有偿使用费，百分之三十上缴中央财政，百分之七十留给有关地方人民政府。具体使用管理办法由国务院财政部门会同有关部门制定，并报国务院批准。”

4. A，解析：根据《土地管理法》第62条规定：“农村村民一户只能拥有一处宅基地，其宅基地的面积不得超过省、自治区、直辖市规定的标准。

人均土地少、不能保障一户拥有一处宅基地的地区，县级人民政府在充分尊重农村村民意愿的基础上，可以采取措施，按照省、自治区、直辖市规定的标准保障农村村民实现户有所居。农村村民建住宅，应当符合乡（镇）土地利用总体规划、村庄规划，不得占用永久基本农田，并尽量使用原有的宅基地和村内空闲地。编制乡（镇）土地利用总体规划、村庄规划应当统筹并合理安排宅基地用地，改善农村村民居住环境和条件。农村村民住宅用地，由乡（镇）人民政府审核批准；其中，涉及占用农用地的，依照本法第四十四条的规定办理审批手续。农村村民出卖、出租、赠与住宅后，再申请宅基地的，不予批准。国家允许进城落户的农村村民依法自愿有偿退出宅基地，鼓励农村集体经济组织及其成员盘活利用闲置宅基地和闲置住宅。国务院农业农村主管部门负责全国农村宅基地改革和管理有关工作。”

**（三）多项选择题**

1. ABC，解析：根据《土地管理法》第10条规定：“国有土地和农民集体所有的土地，可以依法确定给单位或者个人使用。使用土地的单位和个人，有保护、管理和合理利用土地的义务。”
2. ABCD，解析：根据《土地管理法》第33条规定：“国家实行永久基本农田保护制度。下列耕地应当根据土地利用总体规划划为永久基本农田，实行严格保护：（一）经国务院农业农村主管部门或者县级以上地方人民政府批准确定的粮、棉、油、糖等重要农产品生产基地内的耕地；（二）有良好的水利与水土保持设施的耕地，正在实施改造计划以及可以改造的中、低产田和已建成的高标准农田；（三）蔬菜生产基地；（四）农业科研、教学试验田；（五）国务院规定应当划为永久基本农田的其他耕地。各省、自治区、直辖市划定的永久基本农田一般应当占本行政区域内耕地的百分之八十以上，具体比例由国务院根据各省、自治区、直辖市耕地实际情况规定。”
3. ABCD，解析：根据《土地管理法》第54条规定：“建设单位使用国有土地，应当以出让等有偿使用方式取得；但是，下列建设用地，经县级以上人民政府依法批准，可以以划拨方式取得：（一）国家机关用地和军事用地；（二）城市基础设施用地和公益事业用地；（三）国家重点扶持的能源、交通、水利等基础设施用地；（四）法律、行政法规规定的其他用地。”
4. ABCD，解析：根据《土地管理法》第58条规定：“有下列情形之一的，由有关人民政府自然资源主管部门报经原批准用地的人民政府或者有批准权的人民政府批准，可以收回国有土地使用权：（一）为实施城市规划进行旧城区改建以及其他公共利益需要，确需使用土地的；（二）土地出让等有偿使用合同约定的使用期限届满，土地使用者未申请续期或者申请续期未获批准的；（三）因单位撤销、迁移等原因，停止使用原划拨的国有土地的；（四）公路、铁路、机场、矿场等经核准报废的。依照前款第（一）项的规定收回国有土地使用权的，对土地使用权人应当给予适当补偿。”

**（四）填空题**

1. 总体规划；城乡规划。（《土地管理法》第64条）
2. 开发经营；兴办企业。（《土地管理法》第50条）
3. 补偿费标准；移民安置办法。（《土地管理法》第51条）
4. 侵占、挪用。（《土地管理法》第80条）

**（五）简答题**

1. 答：《土地管理法》第45条规定：“为了公共利益的需要，有下列情形之一，确需征收农民集体所有的土地的，可以依法实施征收：（一）军事和外交需要用地的；（二）由政府组织实施的能源、交通、水利、通信、邮政等基础设施建设需要用地的；（三）由政府组织实施的科技、教育、文化、卫生、体育、生态环境和资源保护、防灾减灾、文物保护、社区综合服务、社会福利、市政公用、优抚安置、英烈保护等公共事业需要用地的；（四）由政府组织实施的扶贫搬迁、保障性安居工程建设需要用地的；（五）在土地利用总体规划确定的城镇建设用地范围内，经省级以上人民政府批准由县级以上地方人民政府组织实施的成片开发建设需要用地的；（六）法律规定为公共利益需要可以征收农民集体所有的土地的其他情形。前款规定的建设活动，应当符合国民经济和社会发展规划、土地利用总体规划、城乡规划和专项规划；第（四）项、第（五）项规定的建设活动，还应当纳入国民经济和社会发展年度计划；第（五）项规定的成片开发并应当符合国务院自然资源主管部门规定的标准。”
2. 答：土地利用总体规划按照下列原则编制：（一）落实国土空间开发保护要求，严格土地用途管制；（二）严格保护永久基本农田，严格控制非农业建设占用农用地；（三）提高土地节约集约利用水平；（四）统筹安排城乡生产、生活、生态用地，满足乡村产业和基础设施用地合理需求，促进城乡融合发展；（五）保护和改善生态环境，保障土地的可持续利用；（六）占用耕地与开发复垦耕地数量平衡、质量相当。”
3. 答：《土地管理法》第33条规定：“国家实行永久基本农田保护制度。下列耕地应当根据土地利用总体规划划为永久基本农田，实行严格保护：（一）经国务院农业农村主管部门或者县级以上地方人民政府批准确定的粮、棉、油、糖等重要农产品生产基地内的耕地；（二）有良好的水利与水土保持设施的耕地，正在实施改造计划以及可以改造的中、低产田和已建成的高标准农田；（三）蔬菜生产基地；（四）农业科研、教学试验田；（五）国务院规定应当划为永久基本农田的其他耕地。各省、自治区、直辖市划定的永久基本农田一般应当占本行政区域内耕地的百分之八十以上，具体比例由国务院根据各省、自治区、直辖市耕地实际情况规定。”

# 十五、城乡规划法

## （一）判断题

1. 任何单位和个人都应当遵守经依法批准并公布的城乡规划，服从规划管理，并有权就涉及其利害关系的建设活动是否符合规划的要求向城乡规划主管部门查询。（　　）
2. 任何单位和个人都有权向城乡规划主管部门或者其他有关部门举报或者控告违反城乡规划的行为。（　　）
3. 规划条件未纳入国有土地使用权出让合同的，该国有土地使用权出让合同仍有效。（　　）
4. 建设单位或者个人可随时办理用地审批手续。（　　）
5. 城乡规划报送审批前，组织编制机关应当依法将城乡规划草案予以公告，并采取论证会、听证会或者其他方式征求专家和公众的意见。公告的时间不得少于 20 日。（　　）

## （二）单项选择题

1. 未取得建设工程规划许可证或者未按照建设工程规划许可证的规定进行建设的，由县级以上地方人民政府城乡规划主管部门责令停止建设；尚可采取改正措施消除对规划实施的影响的，限期改正，处建设工程造价（　　）的罚款；无法采取改正措施消除影响的，限期拆除，不能拆除的，没收实物或者违法收入，可以并处建设工程造价 10% 以下的罚款。

   A. 10% 以下　　B. 30% 以上
   C. 50% 以下　　D. 5% 以上 10% 以下

2. 乡、村庄的建设和发展，应当因地制宜、节约用地，发挥（　　）的作用，引导村民合理进行建设，改善农村生产、生活条件。

   A. 村民自治组织　　B. 居民委员会
   C. 人民政府　　D. 中国共产党

3. 城市新区的开发和建设，应当合理确定建设规模和时序，充分利用现有市政(　　)，严格保护自然资源和生态环境，体现地方特色。

A. 基础设施　　B. 公共设施

C. 基础设施和公共服务设施　　D. 文化设施

## (三) 多项选择题

1. 历史文化名城、名镇、名村的保护以及受保护建筑物的维护和使用，应当遵守有关(　　)的规定。

A. 法律　　B. 行政法规

C. 国务院　　D. 地方性法规

2. 城市地下空间的开发和利用，应当与经济和技术发展水平相适应，遵循统筹安排、综合开发、合理利用的原则，充分考虑(　　)等需要，并符合城市规划，履行规划审批手续。

A. 防灾减灾　　B. 环境保护

C. 人民防空　　D. 通信

3. 在乡、村庄规划区内使用原有宅基地进行农村村民住宅建设的规划管理办法，由(　　)制定。

A. 省　　B. 自治区

C. 直辖市　　D. 民族自治区

4. 县级以上人民政府城乡规划主管部门对城乡规划的实施情况进行监督检查，有权采取哪些措施？(　　)

A. 要求所有人遵守法律、法规的规定

B. 要求有关单位和人员提供与监督事项有关的文件、资料，并进行复制

C. 要求有关单位和人员就监督事项涉及的问题作出解释和说明，并根据需要进入现场进行勘测

D. 责令有关单位和人员停止违反有关城乡规划的法律、法规的行为

## (四) 填空题

1. 在城市、镇规划区内进行建筑物、构筑物、道路、管线和其他工程建设的，建设单位或者个人应当向城市、县人民政府城乡规划主管部门或者

省、自治区、直辖市人民政府确定的镇人民政府申请办理____。

2. 在乡、村庄规划区内进行乡镇企业、乡村公共设施和公益事业建设的，建设单位或者个人应当向乡、镇人民政府提出申请，由乡、镇人民政府报城市、县人民政府城乡规划主管部门核发____。
3. 城乡规划编制单位取得资质证书后，不再符合相应的资质条件的，由原发证机关____；逾期不改正的，____或者____。
4. 建设单位未在建设工程竣工验收后____向城乡规划主管部门报送有关竣工验收资料的，由所在地城市、县人民政府城乡规划主管部门责令限期补报；逾期不补报的，处____的罚款。
5. 乡规划、村庄规划应当从____出发，尊重____，体现地方和农村特色。
6. 规划条件未纳入国有土地使用权出让合同的，该国有土地使用权出让合同____；对未取得建设用地规划许可证的建设单位批准用地的，由县级以上人民政府____有关批准文件；占用土地的，应当及时____；给当事人造成损失的，应当依法给予____。

## （五）简答题

1. 简述从事城乡规划编制工作应当具备的条件。
2. 简述申请办理建设工程规划许可证应当提交的材料。
3. 简述乡规划、村庄规划的内容。

# 参考答案

### （一）判断题

1. √，解析：根据《城乡规划法》第9条第1款。
2. √，解析：根据《城乡规划法》第9条第2款。
3. ×，解析：根据《城乡规划法》第39条规定：“规划条件未纳入国有土地使用权出让合同的，该国有土地使用权出让合同无效。”
4. ×，解析：根据《城乡规划法》第41条第4款规定：“建设单位或者个人在取得乡村建设规划许可证后，方可办理用地审批手续。”
5. ×，解析：根据《城乡规划法》第26条第1款规定：“城乡规划报送审批前，组织编制机关应当依法将城乡规划草案予以公告，并采取论证会、听证会或者其他方式征求专家和公众的意见。公告的时间不得少于三十日。”

（二）单项选择题

1. D，解析：根据《城乡规划法》第64条规定：“未取得建设工程规划许可证或者未按照建设工程规划许可证的规定进行建设的，由县级以上地方人民政府城乡规划主管部门责令停止建设；尚可采取改正措施消除对规划实施的影响的，限期改正，处建设工程造价百分之五以上百分之十以下的罚款；无法采取改正措施消除影响的，限期拆除，不能拆除的，没收实物或者违法收入，可以并处建设工程造价百分之十以下的罚款。”
2. A，解析：根据《城乡规划法》第29条第3款规定：“乡、村庄的建设和发展，应当因地制宜、节约用地，发挥村民自治组织的作用，引导村民合理进行建设，改善农村生产、生活条件。”
3. C，解析：根据《城乡规划法》第30条第1款规定：“城市新区的开发和建设，应当合理确定建设规模和时序，充分利用现有市政基础设施和公共服务设施，严格保护自然资源和生态环境，体现地方特色。”

（三）多项选择题

1. ABC，解析：根据《城乡规划法》第31条第2款规定：“历史文化名城、名镇、名村的保护以及受保护建筑物的维护和使用，应当遵守有关法律、行政法规和国务院的规定。”
2. ACD，解析：根据《城乡规划法》第33条规定：“城市地下空间的开发和利用，应当与经济和技术发展水平相适应，遵循统筹安排、综合开发、合理利用的原则，充分考虑防灾减灾、人民防空和通信等需要，并符合城市规划，履行规划审批手续。”
3. ABC，解析：根据《城乡规划法》第41条第2款规定：“在乡、村庄规划区内使用原有宅基地进行农村村民住宅建设的规划管理办法，由省、自治区、直辖市制定。”
4. BCD，解析：根据《城乡规划法》第53条规定：“县级以上人民政府城乡规划主管部门对城乡规划的实施情况进行监督检查，有权采取以下措施：（一）要求有关单位和人员提供与监督事项有关的文件、资料，并进行复制；（二）要求有关单位和人员就监督事项涉及的问题作出解释和说明，并根据需要进入现场进行勘测；（三）责令有关单位和人员停止违反有关城乡规划的法律、法规的行为。城乡规划主管部门的工作人员履行前款规定的监督检查职责，应当出示执法证件。被监督检查的单位和人员应当予以配合，不得妨碍和阻挠依法进行的监督检查活动。”

**（四）填空题**

**1. 建设工程规划许可证。（《城乡规划法》第 40 条第 1 款）**

**2. 乡村建设规划许可证。（《城乡规划法》第 41 条第 1 款）**

**3. 责令限期改正；降低资质等级；吊销资质证书。（《城乡规划法》第 63 条）**

**4. 6 个月内；1 万元以上 5 万元以下。（《城乡规划法》第 67 条）**

**5. 农村实际；村民意愿。（《城乡规划法》第 18 条第 1 款）**

**6. 无效；撤销；退回；赔偿。（《城乡规划法》第 39 条）**

（五）简答题

1. 答:《城乡规划法》第 24 条规定：“从事城乡规划编制工作应当具备下列条件，并经国务院城乡规划主管部门或者省、自治区、直辖市人民政府城乡规划主管部门依法审查合格，取得相应等级的资质证书后，方可在资质等级许可的范围内从事城乡规划编制工作：（一）有法人资格；（二）有规定数量的经相关行业协会注册的规划师；（三）有规定数量的相关专业技术人员；（四）有相应的技术装备；（五）有健全的技术、质量、财务管理制度。编制城乡规划必须遵守国家有关标准。”

2. 答:《城乡规划法》第 40 条第 2 款规定：“申请办理建设工程规划许可证，应当提交使用土地的有关证明文件、建设工程设计方案等材料。需要建设单位编制修建性详细规划的建设项目，还应当提交修建性详细规划。”

3. 答:《城乡规划法》第 18 条第 2 款规定：“乡规划、村庄规划的内容应当包括：规划区范围，住宅、道路、供水、排水、供电、垃圾收集、畜禽养殖场所等农村生产、生活服务设施、公益事业等各项建设的用地布局、建设要求，以及对耕地等自然资源和历史文化遗产保护、防灾减灾等的具体安排。乡规划还应当包括本行政区域内的村庄发展布局。”

# 十六、农村土地承包法

## （一）判断题

1. 农村集体经济组织成员有权依法承包由本集体经济组织发包的农村土地。（　　）
2. 任何组织和个人不得剥夺和非法限制农村集体经济组织成员承包土地的权利。（　　）
3. 农村土地承包，妇女与男子享有平等的权利。承包中应当保护妇女的合法权益，任何组织和个人不得剥夺、侵害妇女应当享有的土地承包经营权。（　　）
4. 耕地的承包期为40年。草地的承包期为30年至50年。林地的承包期为30年至70年。（　　）
5. 承包合同自成立之日起生效。承包方自承包合同生效时取得土地承包经营权。（　　）
6. 承包方之间为方便耕种或者各自需要，可以对属于同一集体经济组织的土地的土地承包经营权进行互换，并向发包方备案。（　　）
7. 农村土地承包采取农村集体经济组织内部的家庭承包方式，不宜采取家庭承包方式的荒山、荒沟、荒丘、荒滩等农村土地，可以采取招标、拍卖、公开协商等方式承包。（　　）
8. 土地承包经营权证或者林权证等证书应当将具有土地承包经营权的全部家庭成员列入。（　　）
9. 承包方流转土地经营权的，其与发包方的承包关系改变。（　　）
10. 实现担保物权时，担保物权人有权就土地经营权优先受偿。（　　）

## （二）单项选择题

1. 关于《农村土地承包法》，下列说法错误的是：（　　）

A. 农民集体所有的土地依法属于村农民集体所有的，由村集体经济组织

或者村民委员会发包

B. 承包地可以买卖

C. 国家鼓励增加对土地的投入，培肥地力，提高农业生产能力

D. 国家所有依法由农民集体使用的农村土地，由使用该土地的农村集体经济组织、村民委员会或者村民小组发包

2. 经发包方同意，承包方可以将（　　）的土地承包经营权转让给本集体经济组织的其他农户，由该农户同发包方确立新的承包关系，原承包方与发包方在该土地上的承包关系即行终止。

A. 全部　　B. 70%

C. 部分　　D. 全部或者部分

3. 关于土地承包经营权的保护和互换、转让，下列说法中错误的是：（　　）

A. 承包期内，发包方不得收回承包地

B. 承包期内，发包方可以调整承包地

C. 国家保护进城农户的土地承包经营权。不得以退出土地承包经营权作为农户进城落户的条件

D. 承包期内，因自然灾害严重毁损承包地等特殊情形对个别农户之间承包的耕地和草地需要适当调整的，必须经本集体经济组织成员的村民会议2/3以上成员或者2/3以上村民代表的同意，并报乡（镇）人民政府和县级人民政府农业农村、林业和草原等主管部门批准

## （三）多项选择题

1. 农村土地承包采取农村集体经济组织内部的家庭承包方式，不宜采取家庭承包方式的荒山、荒沟、荒丘、荒滩等农村土地，可以采取（　　）等方式承包。

A. 招标　　B. 申请

C. 拍卖　　D. 公开协商

2. 国家保护承包方（　　）流转土地经营权，保护土地经营权人的合法权益，任何组织和个人不得侵犯。

A. 非法　　B. 依法

C. 自愿　　D. 有偿

3. 关于《农村土地承包法》，下列说法正确的是：(　　)

A. 国家对耕地、林地和草地等实行统一登记，登记机构应当向承包方颁发土地承包经营权证或者林权证等证书，并登记造册，确认土地承包经营权

B. 土地承包经营权证或者林权证等证书应当将具有土地承包经营权的全部家庭成员列入

C. 登记机构除按规定收取证书工本费外，不得收取其他费用

D. 国家机关及其工作人员不得利用职权干涉农村土地承包或者变更、解除承包合同

4. 关于《农村土地承包法》，下列说法错误的是：(　　)

A. 承包期内，妇女结婚，在新居住地未取得承包地的，发包方不得收回其原承包地

B. 妇女离婚或者丧偶，仍在原居住地生活或者不在原居住地生活但在新居住地未取得承包地的，发包方可以收回其原承包地

C. 承包人应得的承包收益，依照继承法的规定继承

D. 林地承包的承包人死亡，其继承人不得在承包期内继续承包

5. (　　)等可以直接通过招标、拍卖、公开协商等方式实行承包经营，也可以将土地经营权折股分给本集体经济组织成员后，再实行承包经营或者股份合作经营。

A. 荒山　　B. 荒沟

C. 荒丘　　D. 荒滩

## (四) 填空题

1. 承包方承包土地后，享有____，可以自己经营，也可以保留土地承包权，流转其承包地的____，由他人经营。

2. 农村土地承包经营应当遵守法律、法规，保护土地资源的____和____。未经依法批准不得将承包地用于非农建设。

3. 承包期内，承包方可以____将承包地交回发包方。承包方自愿交回承包地的，可以获得____，但是应当提前半年以____通知发包方。承包方在承

包期内交回承包地的，在承包期内不得再要求承包土地。

4. 承包人应得的承包收益，依照____的规定继承。
5. 土地承包经营权互换、转让的，当事人可以向登记机构____。未经登记，不得对抗____。
6. 经____同意，受让方可以依法投资改良土壤，建设农业生产附属、配套设施，并按照合同约定对其投资部分获得____。
7. 经承包方____同意，并向本集体经济组织备案，受让方可以再____。
8. 承包荒山、荒沟、荒丘、荒滩的，应当遵守有关法律、行政法规的规定，防止____，保护____。
9. 发包方将农村土地发包给本集体经济组织以外的单位或者个人承包，应当事先经本集体经济组织成员的村民会议2/3以上____或者2/3以上____的同意，并报乡（镇）人民政府批准。
10. 通过招标、拍卖、公开协商等方式承包农村土地，经依法登记取得权属证书的，可以依法采取____、____、____或者其他方式流转土地经营权。

## （五）简答题

1. 简述发包方享有的权利和承担的义务。
2. 简述承包方享有的权利和承担的义务。
3. 简述土地经营权流转应当遵循的原则。

# 参考答案

## （一）判断题

1. √，解析：根据《农村土地承包法》第5条第1款规定。
2. √，解析：根据《农村土地承包法》第5条第2款规定。
3. √，解析：根据《农村土地承包法》第6条。
4. ×，解析：根据《农村土地承包法》第21条规定：“耕地的承包期为三十年。草地的承包期为三十年至五十年。林地的承包期为三十年至七十年。前款规定的耕地承包期届满后再延长三十年，草地、林地承包期届满后依照前款规定相应延长。”

5. √，解析：根据《农村土地承包法》第 23 条规定。
6. √，解析：根据《农村土地承包法》第 33 条规定。
7. √，解析：根据《农村土地承包法》第 3 条第 2 款规定。
8. √，解析：根据《农村土地承包法》第 24 条第 2 款规定。
9. ×，解析：根据《农村土地承包法》第 44 条规定："承包方流转土地经营权的，其与发包方的承包关系不变。"
10. √，解析：根据《农村土地承包法》第 47 条第 3 款规定。

**（二）单项选择题**

1. B，解析：根据《农村土地承包法》第 4 条规定："农村土地承包后，土地的所有权性质不变。承包地不得买卖。"
2. D，解析：根据《农村土地承包法》第 34 条规定："经发包方同意，承包方可以将全部或者部分的土地承包经营权转让给本集体经济组织的其他农户，由该农户同发包方确立新的承包关系，原承包方与发包方在该土地上的承包关系即行终止。"
3. B，解析：根据《农村土地承包法》第 28 条第 1 款规定："承包期内，发包方不得调整承包地。"

**（三）多项选择题**

1. ACD，解析：根据《农村土地承包法》第 3 条第 2 款规定："农村土地承包采取农村集体经济组织内部的家庭承包方式，不宜采取家庭承包方式的荒山、荒沟、荒丘、荒滩等农村土地，可以采取招标、拍卖、公开协商等方式承包。"
2. BCD，解析：根据《农村土地承包法》第 10 条规定："国家保护承包方依法、自愿、有偿流转土地经营权，保护土地经营权人的合法权益，任何组织和个人不得侵犯。"
3. ABCD，解析：根据《农村土地承包法》第 24 条规定："国家对耕地、林地和草地等实行统一登记，登记机构应当向承包方颁发土地承包经营权证或者林权证等证书，并登记造册，确认土地承包经营权。土地承包经营权证或者林权证等证书应当将具有土地承包经营权的全部家庭成员列入。登记机构除按规定收取证书工本费外，不得收取其他费用。"《农村土地承包法》第 26 条规定："国家机关及其工作人员不得利用职权干涉农村土地承包或者变更、解除承包合同。"
4. BD，解析：根据《农村土地承包法》第 31 条规定："妇女离婚或者丧偶，仍在原居住地生活或者不在原居住地生活但在新居住地未取得承包地的，发包方不得收回其原承包地。”故 B 项错误。《农村土地承包法》第 32 条第 2 款规定：“林地承包的承包人死亡，其继承人可以在承包期内继续承包。”故 D 项错误。

5. ABCD，解析：根据《农村土地承包法》第 50 条第 1 款规定：“荒山、荒沟、荒丘、荒滩等可以直接通过招标、拍卖、公开协商等方式实行承包经营，也可以将土地经营权折股分给本集体经济组织成员后，再实行承包经营或者股份合作经营。”

**（四）填空题**

1. 土地承包经营权；土地经营权。（《农村土地承包法》第 9 条）
2. 合理开发；可持续利用。（《农村土地承包法》第 11 条）
3. 自愿；合理补偿；书面形式。（《农村土地承包法》第 30 条）
4. 继承法。（《农村土地承包法》第 32 条第 1 款）
5. 申请登记；善意第三人。（《农村土地承包法》第 35 条）
6. 承包方；合理补偿。（《农村土地承包法》第 43 条）
7. 书面；流转土地经营权。（《农村土地承包法》第 46 条）
8. 水土流失；生态环境。（《农村土地承包法》第 50 条第 2 款）
9. 成员；村民代表。（《农村土地承包法》第 52 条第 1 款）
10. 出租；入股；抵押。（《农村土地承包法》第 53 条）

**（五）简答题**

1. 答：《农村土地承包法》第 14 条规定：“发包方享有下列权利：（一）发包本集体所有的或者国家所有依法由本集体使用的农村土地；（二）监督承包方依照承包合同约定的用途合理利用和保护土地；（三）制止承包方损害承包地和农业资源的行为；（四）法律、行政法规规定的其他权利。”《农村土地承包法》第 15 条规定：“发包方承担下列义务：（一）维护承包方的土地承包经营权，不得非法变更、解除承包合同；（二）尊重承包方的生产经营自主权，不得干涉承包方依法进行正常的生产经营活动；（三）依照承包合同约定为承包方提供生产、技术、信息等服务；（四）执行县、乡（镇）土地利用总体规划，组织本集体经济组织内的农业基础设施建设；（五）法律、行政法规规定的其他义务。”
2. 答：《农村土地承包法》第 17 条规定：“承包方享有下列权利：（一）依法享有承包地使用、收益的权利，有权自主组织生产经营和处置产品；（二）依法互换、转让土地承包经营权；（三）依法流转土地经营权；（四）承包地被依法征收、征用、占用的，有权依法获得相应的补偿；（五）法律、行政法规规定的其他权利。"《农村土地承包法》第 18 条规定："承包方承担下列义务：（一）维持土地的农业用途，未经依法批准不得用于非农建设；（二）依法保护和合理利用土地，不得给土地造成永久性损害；（三）法律、行政法规规定的其他义务。"

3. 答：《农村土地承包法》第 38 条规定："土地经营权流转应当遵循以下原则：（一）依法、自愿、有偿，任何组织和个人不得强迫或者阻碍土地经营权流转；（二）不得改变土地所有权的性质和土地的农业用途，不得破坏农业综合生产能力和农业生态环境；（三）流转期限不得超过承包期的剩余期限；（四）受让方须有农业经营能力或者资质；（五）在同等条件下，本集体经济组织成员享有优先权。"

# 十七、农村土地承包经营纠纷调解仲裁法

## （一）判断题

1. 发生农村土地承包经营纠纷的，当事人可以自行和解，也可以请求村民委员会、乡（镇）人民政府等调解。（　　）
2. 当事人和解、调解不成或者不愿和解、调解的，可以向农村土地承包仲裁委员会申请仲裁，也可以直接向人民检察院起诉。（　　）
3. 农村土地承包经营纠纷调解和仲裁，应当公开、公平、公正，便民高效，根据事实，符合法律，尊重社会公德。（　　）
4. 各人民政府应当加强对农村土地承包经营纠纷调解和仲裁工作的指导。（　　）
5. 农村土地承包仲裁委员会，根据解决农村土地承包经营纠纷的实际需要设立。农村土地承包仲裁委员会可以在县和不设区的市设立，也可以在设区的市或者其市辖区设立。（　　）
6. 农村土地承包仲裁委员会由当地人民政府及其有关部门代表、有关人民团体代表、农村集体经济组织代表、农民代表和法律、经济等相关专业人员兼任组成，其中农民代表和法律、经济等相关专业人员不得少于组成人员的2/3。（　　）
7. 省、自治区、直辖市人民政府农村土地承包管理部门应当制定仲裁员培训计划，加强对仲裁员培训工作的组织和指导。（　　）
8. 农村土地承包经营纠纷仲裁的申请人、被申请人为当事人。家庭承包的，可以由农户代表人参加仲裁。当事人一方人数众多的，可以推选代表人参加仲裁。（　　）
9. 当事人申请仲裁，应当向纠纷涉及的土地所在地的农村土地承包仲裁委员会递交仲裁申请书。仲裁申请书可以邮寄或者委托他人代交。（　　）
10. 农村土地承包仲裁委员会决定受理的，应当自收到仲裁申请之日起15个工作日内，将受理通知书、仲裁规则和仲裁员名册送达申请人；决定不

予受理或者终止仲裁程序的，应当自收到仲裁申请或者发现终止仲裁程序情形之日起 15 个工作日内书面通知申请人，并说明理由。（　　）

## （二）单项选择题

1. 农村土地承包仲裁委员会在当地（　　）指导下设立。设立农村土地承包仲裁委员会的，其日常工作由当地农村土地承包管理部门承担。

A. 人民政府　　B. 人民检察院

C. 人民法院　　D. 公安局

2. （　　）对农村土地承包经营纠纷应当进行调解。调解达成协议的，仲裁庭应当制作调解书；调解不成的，应当及时作出裁决。

A. 人民调解委员会　　B. 人民法院

C. 仲裁庭　　D. 农村村民委员会

3. 农村土地承包经营纠纷申请仲裁的时效期间为（　　），自当事人知道或者应当知道其权利被侵害之日起计算。

A. 1 年　　B. 0.5 年

C. 2 年　　D. 3 年

4. 农村土地承包仲裁委员会应当自受理仲裁申请之日起（　　）工作日内，将受理通知书、仲裁申请书副本、仲裁规则和仲裁员名册送达被申请人。

A. 3 个　　B. 7 个

C. 6 个　　D. 5 个

## （三）多项选择题

1. 当事人在开庭过程中有权（　　）。对不通晓当地通用语言文字的当事人，农村土地承包仲裁委员会应当为其提供. 翻译。

A. 发表意见　　B. 陈述事实和理由

C. 提供证据　　D. 进行质证和辩论

2. 对权利义务关系明确的纠纷，经当事人申请，仲裁庭可以先行裁定（　　）等行为。

A. 维持现状　　B. 恢复农业生产

C. 停止取土、占地　　D. 赔偿损失

3. 仲裁庭依法独立履行职责，不受(　　)的干涉。

A. 审判机关　　B. 行政机关

C. 社会团体　　D. 个人

## (四) 填空题

1. 农村土地承包仲裁委员会设主任 1 人、副主任 1 至 2 人和委员若干人。主任、副主任由全体组成人员____产生。
2. 农村土地承包仲裁委员会应当对仲裁员进行____以及____的培训。
3. 农村土地承包仲裁委员会组成人员、仲裁员应当依法履行职责，遵守农村土地承包仲裁委员会章程和仲裁规则，不得____、____，不得侵害当事人的合法权益。
4. 仲裁员有索贿受贿、徇私舞弊、枉法裁决以及接受当事人请客送礼等违法违纪行为的，农村土地承包仲裁委员会应当将其____；构成犯罪的，依法追究____。
5. 证据应当在开庭时出示，但涉及____、____和____的证据不得在公开开庭时出示。
6. 当事人和其他仲裁参与人认为对自己陈述的记录____，有权____。如果不予补正，应当记录该申请。
7. 裁决应当按照____的意见作出，少数仲裁员的不同意见可以记入笔录。仲裁庭不能形成多数意见时，裁决应当按照____的意见作出。
8. 当事人不服仲裁裁决的，可以自收到裁决书之日起____向人民法院起诉。逾期不起诉的，裁决书即____。
9. 农村土地承包经营纠纷仲裁规则和农村土地承包仲裁委员会示范章程，由国务院____依照《农村土地承包经营纠纷调解仲裁法》规定共同制定。
10. 农村土地承包经营纠纷仲裁不得向当事人____，仲裁工作经费纳入____予以保障。

## (五) 简答题

1. 简述农村土地承包经营纠纷的范围。
2. 简述农村土地承包仲裁委员会依法履行的职责。

3. 简述《农村土地承包经营纠纷调解仲裁法》中需要仲裁员回避的情形。

## 参考答案

**（一）判断题**

1. √，解析：根据《农村土地承包经营纠纷调解仲裁法》第 3 条规定："发生农村土地承包经营纠纷的，当事人可以自行和解，也可以请求村民委员会、乡（镇）人民政府等调解。"
2. ×，解析：根据《农村土地承包经营纠纷调解仲裁法》第 4 条规定：" 当事人和解、调解不成或者不愿和解、调解的，可以向农村土地承包仲裁委员会申请仲裁，也可以直接向人民法院起诉。"
3. √，解析：根据《农村土地承包经营纠纷调解仲裁法》第 5 条。
4. ×，解析：根据《农村土地承包经营纠纷调解仲裁法》第 6 条第 1 款规定："县级以上人民政府应当加强对农村土地承包经营纠纷调解和仲裁工作的指导。"
5. √，解析：根据《农村土地承包经营纠纷调解仲裁法》第 12 条第 1 款规定："农村土地承包仲裁委员会，根据解决农村土地承包经营纠纷的实际需要设立。农村土地承包仲裁委员会可以在县和不设区的市设立，也可以在设区的市或者其市辖区设立。"
6. ×，解析：根据《农村土地承包经营纠纷调解仲裁法》第 13 条第 1 款规定："农村土地承包仲裁委员会由当地人民政府及其有关部门代表、有关人民团体代表、农村集体经济组织代表、农民代表和法律、经济等相关专业人员兼任组成，其中农民代表和法律、经济等相关专业人员不得少于组成人员的二分之一。"
7. √，解析：根据《农村土地承包经营纠纷调解仲裁法》第 16 条第 2 款。
8. √，解析：根据《农村土地承包经营纠纷调解仲裁法》第 19 条第 1 款。
9. √，解析：根据《农村土地承包经营纠纷调解仲裁法》第 21 条第 1 款。
10. ×，解析：根据《农村土地承包经营纠纷调解仲裁法》第 23 条规定："农村土地承包仲裁委员会决定受理的，应当自收到仲裁申请之日起五个工作日内，将受理通知书、仲裁规则和仲裁员名册送达申请人；决定不予受理或者终止仲裁程序的，应当自收到仲裁申请或者发现终止仲裁程序情形之日起五个工作日内书面通知申请人，并说明理由。"

（二）单项选择题

1. A，解析：根据《农村土地承包经营纠纷调解仲裁法》第 12 条第 2 款规定：“农村土地承包仲裁委员会在当地人民政府指导下设立。设立农村土地承包仲裁委员会的，其日常工作由当地农村土地承包管理部门承担。”
2. C，解析：根据《农村土地承包经营纠纷调解仲裁法》第 11 条第 1 款规定：“仲裁庭对农村土地承包经营纠纷应当进行调解。调解达成协议的，仲裁庭应当制作调解书；调解不成的，应当及时作出裁决。”
3. C，解析：根据《农村土地承包经营纠纷调解仲裁法》第 18 条规定：“农村土地承包经营纠纷申请仲裁的时效期间为二年，自当事人知道或者应当知道其权利被侵害之日起计算。”
4. D，解析：根据《农村土地承包经营纠纷调解仲裁法》第 24 条规定：“农村土地承包仲裁委员会应当自受理仲裁申请之日起五个工作日内，将受理通知书、仲裁申请书副本、仲裁规则和仲裁员名册送达被申请人。”

（三）多项选择题

1. ABCD，解析：根据《农村土地承包经营纠纷调解仲裁法》第 36 条规定：“当事人在开庭过程中有权发表意见、陈述事实和理由、提供证据、进行质证和辩论。对不通晓当地通用语言文字的当事人，农村土地承包仲裁委员会应当为其提供翻译。”
2. ABC，解析：根据《农村土地承包经营纠纷调解仲裁法》第 42 条第 1 款规定：“对权利义务关系明确的纠纷，经当事人申请，仲裁庭可以先行裁定维持现状、恢复农业生产以及停止取土、占地等行为。”
4. BCD，《农村土地承包经营纠纷调解仲裁法》第 46 条规定：“仲裁庭依法独立履行职责，不受行政机关、社会团体和个人的干涉。”

（四）填空题

1. 选举。（《农村土地承包经营纠纷调解仲裁法》第 13 条第 2 款）
2. 农村土地承包法律；国家政策。（《农村土地承包经营纠纷调解仲裁法》第 16 条第 1 款）
3. 索贿受贿；徇私舞弊。（《农村土地承包经营纠纷调解仲裁法》第 17 条第 1 款）
4. 除名；刑事责任。（《农村土地承包经营纠纷调解仲裁法》第 17 条第 2 款）
5. 国家秘密；商业秘密；个人隐私。（《农村土地承包经营纠纷调解仲裁法》第 40 条第 1 款）

6. 有遗漏或者差错的；申请补正。（《农村土地承包经营纠纷调解仲裁法》第 43 条第 2 款）
7. 多数仲裁员；首席仲裁员。（《农村土地承包经营纠纷调解仲裁法》第 44 条第 2 款）
8. 30 日内；发生法律效力。（《农村土地承包经营纠纷调解仲裁法》第 48 条）
9. 农业、林业行政主管部门。（《农村土地承包经营纠纷调解仲裁法》第 51 条）
10. 收取费用；财政预算。（《农村土地承包经营纠纷调解仲裁法》第 52 条）

**（五）简答题**

1. 答：《农村土地承包经营纠纷调解仲裁法》第 2 条规定："农村土地承包经营纠纷包括：（一）因订立、履行、变更、解除和终止农村土地承包合同发生的纠纷；（二）因农村土地承包经营权转包、出租、互换、转让、入股等流转发生的纠纷；（三）因收回、调整承包地发生的纠纷；（四）因确认农村土地承包经营权发生的纠纷；（五）因侵害农村土地承包经营权发生的纠纷；（六）法律、法规规定的其他农村土地承包经营纠纷。"
2. 答：《农村土地承包经营纠纷调解仲裁法》第 14 条规定："农村土地承包仲裁委员会依法履行下列职责：（一）聘任、解聘仲裁员；（二）受理仲裁申请；（三）监督仲裁活动。"
3. 答：《农村土地承包经营纠纷调解仲裁法》第 28 条规定："仲裁员有下列情形之一的，必须回避，当事人也有权以口头或者书面方式申请其回避：（一）是本案当事人或者当事人、代理人的近亲属；（二）与本案有利害关系；（三）与本案当事人、代理人有其他关系，可能影响公正仲裁；（四）私自会见当事人、代理人，或者接受当事人、代理人的请客送礼。"

# 十八、农民专业合作社法

## （一）判断题

1. 农民专业合作社对由成员出资、公积金、国家财政直接补助、他人捐赠以及合法取得的其他资产所形成的财产，享有占有、使用和处分的权利，对上述财产债务不承担责任。（　　）
2. 农民专业合作社成员可以用货币出资，不可以用实物、知识产权、土地经营权、林权等可以用货币估价并可以依法转让的非货币财产，以及章程规定的其他方式作价出资；但是，法律、行政法规规定不得作为出资的财产除外。（　　）
3. 具有民事权利能力的公民，以及从事与农民专业合作社业务直接有关的生产经营活动的企业、事业单位或者社会组织，能够利用农民专业合作社提供的服务，承认并遵守农民专业合作社章程，履行章程规定的入社手续的，可以成为农民专业合作社的成员。但是，具有管理公共事务职能的单位不得加入农民专业合作社。（　　）
4. 农民专业合作社成员要求退社的，应当在会计年度终了的 10 个月前向理事长或者理事会提出书面申请；其中，企业、事业单位或者社会组织成员退社，应当在会计年度终了的 6 个月前提出；章程另有规定的，从其规定。退社成员的成员资格自会计年度终了时终止。（　　）
5. 成员资格终止的，农民专业合作社应当按照章程规定的方式和期限，退还记载在该成员账户内的出资额和公积金份额；对成员资格终止前的可分配盈余，依照《农民专业合作社法》第 44 条的规定向其返还。（　　）
6. 可分配盈余按成员与本社的交易量（额）比例返还的返还总额不得低于可分配盈余的 30%；返还后的剩余部分，以成员账户中记载的出资额和公积金份额，以及本社接受国家财政直接补助和他人捐赠形成的财产平均量化到成员的份额，按比例分配给本社成员。（　　）
7. 侵占、挪用、截留、私分或者以其他方式侵犯农民专业合作社及其成员的非法财产，非法干预农民专业合作社及其成员的生产经营活动，向农民专业合作社及其成员摊派，强迫农民专业合作社及其成员接受有偿服务，造成农民专业合作社经济损失的，依法追究法律责任。(　　)

8. 出资额或者与本社交易量（额）较大的成员按照章程规定，可以享有附加表决权。本社的附加表决权总票数，不得超过本社成员基本表决权总票数的30%。享有附加表决权的成员及其享有的附加表决权数，应当在每次成员大会召开时告知出席会议的全体成员。(　　)

## （二）单项选择题

1. 成员大会选举或者作出决议，应当由本社成员表决权总数过半数通过；作出修改章程或者合并、分立、解散，以及设立、加入联合社的决议应当由本社成员表决权总数的(　　)通过。章程对表决权数有较高规定的，从其规定。

A. 2/3 以上　　B. 2/4

C. 1/2　　D. 1/5

2. 农民专业合作社向登记机关提供虚假登记材料或者采取其他欺诈手段取得登记的，由登记机关责令改正，可以处(　　)罚款；情节严重的，撤销登记或者吊销营业执照。

A. 5000 元以下　　B. 3000 元以下

C. 2000 元以下　　D. 1000 元以上

## （三）多项选择题

1. 农民专业合作社因下列哪些原因解散？(　　)

A. 章程规定的解散事由出现

B. 成员大会决议解散

C. 因合并或者分立需要解散

D. 依法被吊销营业执照或者被撤销

2. 中央和地方财政应当分别安排资金，支持农民专业合作社开展信息、培训、农产品标准与认证、农业生产基础设施建设、市场营销和技术推广等服务。国家对(　　)的农民专业合作社给予优先扶助。

A. 革命老区　　　　B. 民族地区
C. 边疆地区　　　　D. 贫困地区

## （四）填空题

1. 清算组自____起接管____，负责处理与清算有关未了结业务，清理财产和债权、债务，分配清偿债务后的剩余财产，代表农民专业合作社参与诉讼、仲裁或者其他法律程序，并在清算结束时办理____。
2. 清算组应当自成立之日起____通知农民专业合作社成员和债权人，并于60日内在报纸上公告。债权人应当自接到通知之日起____，未接到通知的自公告之日起____，向清算组申报债权。如果在规定期间内全部成员、债权人均已收到通知，免除清算组的公告义务。
3. 清算组负责制定包括清偿农民专业合作社员工的____，清偿所欠税款和其他各项债务，以及分配剩余财产在内的____，经成员大会通过或者申请人民法院确认后实施。
4. 农民专业合作社联合社应当设立由____参加的成员大会，其职权包括修改____，选举和罢免农民专业合作社联合社理事长、理事和监事，决定农民专业合作社联合社的经营方案及盈余分配，决定对外投资和担保方案等重大事项。
5. 中央和地方财政应当分别安排____，支持农民专业合作社开展信息、培训、农产品标准与认证、农业生产基础设施建设、市场营销和技术推广等服务。国家对革命老区、民族地区、边疆地区和贫困地区的农民专业合作社给予____。

## （五）简答题

1. 简述农民专业合作社以其成员为主要服务对象，开展的业务范围。
2. 简述农民专业合作社应当遵循的原则。
3. 设立农民专业合作社，应当具备哪些条件。

# 参考答案

## （一）判断题

1. ×，解析：根据《农民专业合作社法》第5条第2款规定："农民专业合作社对由成员出资、公积金、国家财政直接补助、他人捐赠以及合法取得的其他资产所形成的财产，享有占有、使用和处分的权利，并以上述财产对债务承担责任。"

2. ×，解析：根据《农民专业合作社法》第13条第1款规定："农民专业合作社成员可以用货币出资，也可以用实物、知识产权、土地经营权、林权等可以用货币估价并可以依法转让的非货币财产，以及章程规定的其他方式作价出资；但是，法律、行政法规规定不得作为出资的财产除外。"

3. ×，解析：根据《农民专业合作社法》第19条第1款规定："具有民事行为能力的公民，以及从事与农民专业合作社业务直接有关的生产经营活动的企业、事业单位或者社会组织，能够利用农民专业合作社提供的服务，承认并遵守农民专业合作社章程，履行章程规定的入社手续的，可以成为农民专业合作社的成员。但是，具有管理公共事务职能的单位不得加入农民专业合作社。"

4. ×，解析：根据《农民专业合作社法》第25条规定："农民专业合作社成员要求退社的，应当在会计年度终了的三个月前向理事长或者理事会提出书面申请；其中，企业、事业单位或者社会组织成员退社，应当在会计年度终了的六个月前提出；章程另有规定的，从其规定。退社成员的成员资格自会计年度终了时终止。"

5. √，解析：根据《农民专业合作社法》第28条。

6. ×，解析：根据《农民专业合作社法》第44条第2款规定："可分配盈余按成员与本社的交易量（额）比例返还的返还总额不得低于可分配盈余的百分之六十；返还后的剩余部分，以成员账户中记载的出资额和公积金份额，以及本社接受国家财政直接补助和他人捐赠形成的财产平均量化到成员的份额，按比例分配给本社成员。"

7. ×，解析：根据《农民专业合作社法》第69条规定："侵占、挪用、截留、私分或者以其他方式侵犯农民专业合作社及其成员的合法财产，非法干预农民专业合作社及其成员的生产经营活动，向农民专业合作社及其成员摊派，强迫农民专业合作社及其成员接受有偿服务，造成农民专业合作社经济损失的，依法追究法律责任。”

8. ×，解析：根据《农民专业合作社法》第22条第2款规定：“出资额或者与本社交易量（额）较大的成员按照章程规定，可以享有附加表决权。本社的附加表决权总票数，不得超过本社成员基本表决权总票数的百分之二十。享有附加表决权的成员及其享有的附加表决权数，应当在每次成员大会召开时告知出席会议的全体成员。”

**（二）单项选择题**

1. A，解析；根据《农民专业合作社法》第30条第2款规定：“成员大会选举或者作出决议，应当由本社成员表决权总数过半数通过；作出修改章程或者合并、分立、解散，以及设立、加入联合社的决议应当由本社成员表决权总数的三分之二以上通过。章程对表决权数有较高规定的，从其规定。”
2. A，解析：根据《农民专业合作社法》第70条规定：“农民专业合作社向登记机关提供虚假登记材料或者采取其他欺诈手段取得登记的，由登记机关责令改正，可以处五千元以下罚款；情节严重的，撤销登记或者吊销营业执照。”

**（三）多项选择题**

1. ABCD，解析：《农民专业合作社法》第48条规定：“农民专业合作社因下列原因解散：（一）章程规定的解散事由出现；（二）成员大会决议解散；（三）因合并或者分立需要解散；（四）依法被吊销营业执照或者被撤销。”
2. ABCD，解析：根据《农民专业合作社法》第65条第1款规定：“中央和地方财政应当分别安排资金，支持农民专业合作社开展信息、培训、农产品标准与认证、农业生产基础设施建设、市场营销和技术推广等服务。国家对革命老区、民族地区、边疆地区和贫困地区的农民专业合作社给予优先扶助。”

**（四）填空题**

1. 成立之日；农民专业合作社；注销登记。（《农民专业合作社法》第49条）
2. 10日内；30日内；45日内。（《农民专业合作社法》第50条第1款）
3. 工资及社会保险费用；清算方案。（《农民专业合作社法》第52条第1款）
4. 全体成员；农民专业合作社联合社章程。（《农民专业合作社法》第59条第1款）
5. 资金；优先扶助。（《农民专业合作社法》第65条第1款）

**（五）简答题**

1. 答：《农民专业合作社法》第 3 条规定："农民专业合作社以其成员为主要服务对象，开展以下一种或者多种业务：（一）农业生产资料的购买、使用；（二）农产品的生产、销售、加工、运输、贮藏及其他相关服务；（三）农村民间工艺及制品、休闲农业和乡村旅游资源的开发经营等；（四）与农业生产经营有关的技术、信息、设施建设运营等服务。"
2. 答：《农民专业合作社法》第 4 条规定："农民专业合作社应当遵循下列原则：（一）成员以农民为主体；（二）以服务成员为宗旨，谋求全体成员的共同利益；（三）入社自愿、退社自由；（四）成员地位平等，实行民主管理；（五）盈余主要按照成员与农民专业合作社的交易量（额）比例返还。"
3. 答：《农民专业合作社法》第 12 条规定："设立农民专业合作社，应当具备下列条件：（一）有五名以上符合本法第十九条、第二十条规定的成员；（二）有符合本法规定的章程；（三）有符合本法规定的组织机构；（四）有符合法律、行政法规规定的名称和章程确定的住所；（五）有符合章程规定的成员出资。"

# 十九、乡镇企业法

## （一）判断题

1. 乡镇企业是农村经济的重要支柱和国民经济的重要组成部分。（　　）
2. 经依法登记设立的乡镇企业，应当向当地乡镇企业行政管理部门办理登记备案手续。（　　）
3. 乡镇企业依法实行独立核算，自主经营，自负盈亏。（　　）
4. 国家保护乡镇企业的合法权益；乡镇企业的合法财产不受侵犯。（　　）
5. 乡镇企业应当依法使用商标，重视企业信誉；按照国家规定，制作所生产经营的商品标识，可以伪造产品的产地或者伪造、冒用他人厂名、厂址和认证标志、名优标志。（　　）
6. 乡镇企业违反《乡镇企业法》规定，不承担支援农业义务的，由乡镇企业行政主管部门责令改正，在其改正之前，可以停止其享受本法规定的部分或者全部优惠。（　　）
7. 乡镇企业违反国家产品质量、环境保护、土地管理、自然资源开发、劳动安全、税收及其他有关法律、法规的，除依照有关法律、法规处理外，在其改正之前，应当根据情节轻重停止其享受本法规定的部分或者全部优惠。（　　）
8. 乡镇企业必须遵守有关劳动保护、劳动安全的法律、法规，认真贯彻执行安全第一、预防为主的方针，采取有效的劳动卫生技术措施和管理措施，防止生产伤亡事故和职业病的发生。（　　）
9. 乡镇企业建设项目中防治污染的设施，必须与主体工程同时设计、同时施工、同时投产使用。（　　）

## （二）单项选择题

1. 国家根据乡镇企业发展的情况，在一定时期内对乡镇企业减征一定比例的税收。减征税收的税种、期限和比例由（　　）规定。

A. 人民检察院

B. 人民法院

C. 国务院

D. 居民委员会

2. 除法律、行政法规另有规定外，任何（　　）不得以任何方式向乡镇企业收取费用，进行摊派。

A. 机关

B. 组织

C. 个人

D. 机关、组织或者个人

## （三）多项选择题

1. 乡镇企业必须遵守有关环境保护的法律、法规，按照国家产业政策，在当地人民政府的统一指导下，采取措施，积极发展（　　）的企业，切实防治环境污染和生态破坏，保护和改善环境。

A. 无污染

B. 有污染

C. 少污染

D. 低资源消耗

2. 关于《乡镇企业法》，下列说法正确的是：（　　）

A. 乡镇企业应当依法办理税务登记，按期进行纳税申报，足额缴纳税款

B. 各级人民政府应当依法加强乡镇企业的税收管理工作，有关管理部门不得超越管理权限对乡镇企业减免税

C. 乡镇企业应当依法使用商标，重视企业信誉

D. 地方人民政府应当制定和实施乡镇企业环境保护规划，提高乡镇企业防治污染的能力

3. 下列选项中，在乡镇企业发展基金的适用范围中的有：（　　）

A. 支持少数民族地区、边远地区和贫困地区发展乡镇企业

B. 支持乡镇企业进行技术改造，开发名特优新产品和生产传统手工艺产品

C. 发展从事粮食、饲料、肉类的加工、贮存、运销经营的乡镇企业

D. 支持乡镇企业职工的职业教育和技术培训

4. 县级以上人民政府依照国家有关规定，可以设立乡镇企业发展基金。基金由哪些资金构成？（　　）

A. 政府拨付的用于乡镇企业发展的周转金

B. 乡镇企业每年上缴地方税金增长部分中一定比例的资金

C. 基金运用产生的收益

D. 农村集体经济组织、乡镇企业、农民等自愿提供的资金

## （四）填空题

1. 乡镇企业依法实行____，投资者在确定企业经营管理制度和企业负责人，作出重大经营决策和决定职工工资、生活福利、劳动保护、劳动安全等重大问题时，应当____本企业工会或者职工的意见，实施情况要定期向职工公布，接受职工____。

2. 乡镇企业应当按照市场需要和国家产业政策，合理调整____和____，加强____，不断采用先进的技术、生产工艺和设备，提高企业经营管理水平。

3. 乡镇企业应当按照国家有关规定，建立____，加强____，依法设置____，如实记录____。

4. 乡镇企业必须按照国家统计制度，如实报送统计资料。对于违反国家规定制发的____，乡镇企业有权____。

5. 乡镇企业应当加强____，努力提高产品质量；生产和销售的产品必须符合保障人体健康，人身、财产安全的____和____；不得生产、销售失效、变质产品和国家明令淘汰的产品；不得在产品中掺杂、掺假，以假充真，以次充好。

6. 乡镇企业不得采用或者使用国家明令禁止的____的生产工艺和设备；不得生产和经营国家明令禁止的严重污染环境的产品。排放污染物超过国家或者地方规定标准，严重污染环境的，必须____，逾期未完成治理任务的，依法关闭、停产或者转产。

7. 举办乡镇企业，其建设用地应当符合土地利用总体规划，严格控制、合理利用和节约使用____，凡有____、____可以利用的，不得占用____、____。

8. 举办乡镇企业使用农村集体所有的土地的，应当依照法律、法规的规定，办理____和____。

9. 乡镇企业使用农村集体所有的土地，连续闲置____或者因停办闲置一年以上的，应当由原土地所有者____，重新安排使用。

10. 乡镇企业通过多渠道、多形式培训____、____和____，并采取优惠措施吸引人才。

### （五）简答题

简述乡镇企业的主要任务。

## 参考答案

### （一）判断题

1. √，解析：根据《乡镇企业法》第3条第1款
2. √，解析：根据《乡镇企业法》第8条第1款。
3. √，解析：根据《乡镇企业法》第11条第1款。
4. √，解析：根据《乡镇企业法》第12条第1款。
5. ×，解析：根据《乡镇企业法》第34条规定："乡镇企业应当依法使用商标，重视企业信誉；按照国家规定，制作所生产经营的商品标识，不得伪造产品的产地或者伪造、冒用他人厂名、厂址和认证标志、名优标志。"
6. √，解析：根据《乡镇企业法》第41条。
7. √，解析：根据《乡镇企业法》第40条。
8. √，解析：根据《乡镇企业法》第37条。
9. √，解析：根据《乡镇企业法》第36条第2款。

### （二）单项选择题

1. C，解析：根据《乡镇企业法》第18条规定："国家根据乡镇企业发展的情况，在一定时期内对乡镇企业减征一定比例的税收。减征税收的税种、期限和比例由国务院规定。"
2. D，解析：根据《乡镇企业法》第17条第2款规定："除法律、行政法规另有规定外，任何机关、组织或者个人不得以任何方式向乡镇企业收取费用，进行摊派。"

### （三）多项选择题

1. ACD，解析：根据《乡镇企业法》第35条第1款规定："乡镇企业必须遵守有关环境保护的法律、法规，按照国家产业政策，在当地人民政府的统一指导下，采取措施，积极发展无污染、少污染和低资源消耗的企业，切实防治环境污染和生态破坏，保护和改善环境。"
2. ABCD，解析：AB《乡镇企业法》第32条，C《乡镇企业法》第34条，D《乡镇企业法》第35条第2款。

3. ABCD，解析：根据《乡镇企业法》第22条规定：“镇企业发展基金专门用于扶持乡镇企业发展，其使用范围如下：（一）支持少数民族地区、边远地区和贫困地区发展乡镇企业；（二）支持经济欠发达地区、少数民族地区与经济发达地区的乡镇企业之间进行经济技术合作和举办合资项目；（三）支持乡镇企业按照国家产业政策调整产业结构和产品结构；（四）支持乡镇企业进行技术改造，开发名特优新产品和生产传统手工艺产品；（五）发展生产农用生产资料或者直接为农业生产服务的乡镇企业；（六）发展从事粮食、饲料、肉类的加工、贮存、运销经营的乡镇企业；（七）支持乡镇企业职工的职业教育和技术培训；（八）其他需要扶持的项目。”

4. ABCD，解析：根据《乡镇企业法》第21条规定：“县级以上人民政府依照国家有关规定，可以设立乡镇企业发展基金。基金由下列资金组成：（一）政府拨付的用于乡镇企业发展的周转金；（二）乡镇企业每年上缴地方税金增长部分中一定比例的资金；（三）基金运用产生的收益；（四）农村集体经济组织、乡镇企业、农民等自愿提供的资金。”

**（四）填空题**

1. 民主管理；听取；监督。（《乡镇企业法》第14条）
2. 产业结构；产品结构；技术改造。（《乡镇企业法》第27条）
3. 财务会计制度；财务管理；会计帐册；财务活动。（《乡镇企业法》第30条）
4. 统计调查报表；拒绝填报。（《乡镇企业法》第31条）
5. 产品质量管理；国家标准；行业标准。（《乡镇企业法》第33条）
6. 严重污染环境；限期治理。（《乡镇企业法》第36条第3款）
7. 土地；荒地；劣地；耕地；好地。（《乡镇企业法》第28条第1款）
8. 有关用地批准手续；土地登记手续。（《乡镇企业法》第28条第2款）
9. 两年以上；收回该土地使用权。（《乡镇企业法》第28条第3款）
10. 技术人员；经营管理人员；生产人员。（《乡镇企业法》第23条第2款）

**（五）简答题**

答：《乡镇企业法》第3条第2款规定：“乡镇企业的主要任务是，根据市场需要发展商品生产，提供社会服务，增加社会有效供给，吸收农村剩余劳动力，提高农民收入，支援农业，推进农业和农村现代化，促进国民经济和社会事业发展。”

# 二十、种子法

## （一）判断题

1. 国家扶持种质资源保护工作和选育、生产、更新、推广使用良种，鼓励品种选育和种子生产经营相结合，惩罚在种质资源保护工作和良种选育、推广等工作中成绩显著的单位和个人。（　　）
2. 省级以上人民政府应当根据科教兴农方针和农业、林业发展的需要制定种业发展规划并组织实施。（　　）
3. 省级以上人民政府建立种子储备制度，主要用于发生灾害时的生产需要及余缺调剂，保障农业和林业生产安全。对储备的种子应当定期检验和更新。种子储备的具体办法由人民法院规定。（　　）
4. 转基因植物品种的选育、试验、审定和推广应当进行安全性评价，并采取严格的安全控制措施。国务院农业、林业主管部门应当加强跟踪监管并及时公告有关转基因植物品种审定和推广的信息。具体办法由人民检察院规定。（　　）
5. 国家有计划地普查、收集、整理、鉴定、登记、保存、交流和利用种质资源，定期公布可供利用的种质资源目录。具体办法由国务院农业、林业主管部门规定。（　　）
6. 人民法院应当建立种质资源库、种质资源保护区或者种质资源保护地。省、自治区、直辖市人民政府农业、林业主管部门可以根据需要建立种质资源库、种质资源保护区、种质资源保护地。种质资源库、种质资源保护区、种质资源保护地的种质资源属公共资源，依法开放利用。（　　）
7. 国家对种质资源享有主权，任何单位和个人向境外提供种质资源，或者与境外机构、个人开展合作研究利用种质资源的，应当向省、自治区、直辖市人民政府农业、林业主管部门提出申请，并提交国家共享惠益的方案；受理申请的农业、林业主管部门经审核，报国务院农业、林业主

管部门批准。(　　)

8. 主要农作物品种和主要林木品种的审定办法由人民检察院规定。审定办法应当体现公正、公开、科学、效率的原则，有利于产量、品质、抗性等的提高与协调，有利于适应市场和生活消费需要的品种的推广。在制定、修改审定办法时，应当充分听取育种者、种子使用者、生产经营者和相关行业代表意见。(　　)

9. 国务院和省、自治区、直辖市人民政府的农业、林业主管部门分别设立由专业人员组成的农作物品种和林木品种审定委员会。品种审定委员会承担主要农作物品种和主要林木品种的审定工作，建立包括申请文件、品种审定试验数据、种子样品、审定意见和审定结论等内容的审定档案，保证可追溯。在审定通过的品种依法公布的相关信息中应当包括审定意见情况，接受监督。(　　)

10. 品种审定实行回避制度。品种审定委员会委员、工作人员及相关测试、试验人员应当忠于职守，公正廉洁。对单位和个人举报或者监督检查发现的上述人员的违法行为，省级以上人民政府农业、林业主管部门和有关机关应当及时依法处理。(　　)

## (二) 单项选择题

种子使用者因种子(　　)或者因种子的标签和使用说明标注的内容不真实，遭受损失的，种子使用者可以向出售种子的经营者要求赔偿，也可以向种子生产者或者其他经营者要求赔偿。

A. 质量问题　　B. 数量问题
C. 体积问题　　D. 大小问题

## (三) 多项选择题

1. 申请取得种子生产经营许可证的，应当具有与种子生产经营相适应的(　　)。
   A. 生产经营设施、设备
   B. 专业技术人员
   C. 法规

D. 国务院农业、林业主管部门规定的其他条件

2. 种子生产经营者应当建立和保存包括种子(　　)、销售去向、销售日期和有关责任人员等内容的生产经营档案，保证可追溯。种子生产经营档案的具体载明事项，种子生产经营档案及种子样品的保存期限由国务院农业、林业主管部门规定。

A. 来源　　B. 产地

C. 数量　　D. 质量

## (四) 填空题

1. 完成育种的单位或者个人对其授权品种，享有排他的____。任何单位或者个人未经植物新品种权所有人许可，不得____该授权品种的繁殖材料，不得为商业目的将该授权品种的繁殖材料重复使用于生产另一品种的繁殖材料；但是本法、有关法律、行政法规另有规定的除外。
2. 从事主要农作物杂交种子及其亲本种子、林木良种种子的生产经营以及实行选育生产经营相结合，符合国务院农业、林业主管部门规定条件的种子企业的____，由生产经营者所在地县级人民政府农业、林业主管部门审核，省、自治区、直辖市人民政府农业、林业主管部门核发。
3. 从事种子进出口业务的种子生产经营许可证，由省、自治区、直辖市____审核，国务院农业、林业主管部门核发。
4. 申请取得种子生产经营许可证的，应当具有与种子生产经营相适应的____、设备及专业技术人员，以及法规和国务院农业、林业主管部门规定的其他条件。
5. 种子生产经营者应当建立和保存包括种子来源、产地、数量、质量、销售去向、销售日期和有关责任人员等内容的生产经营档案，保证____。种子生产经营档案的具体载明事项，种子生产经营档案及种子样品的保存期限由____规定。
6. 种子生产经营许可证的有效区域由发证机关在其管辖范围内确定。种子生产经营者在种子生产经营许可证载明的有效区域设立分支机构的，专门经营不再分装的包装种子的，或者受具有种子生产经营许可证的种子生产经营者以书面____的，____办理种子生产经营许可证，但应当向当

地农业、林业主管部门备案。

7. 农业、林业主管部门可以采用国家规定的快速检测方法对生产经营的种子品种进行检测，检测结果可以作为行政处罚依据。被检查人对检测结果有异议的，可以____，复检不得采用____。因检测结果错误给当事人造成损失的，依法承担赔偿责任。

8. 由于____，为生产需要必须使用低于国家或者地方规定标准的农作物种子的，应当经用种地县级以上地方____批准；林木种子应当经用种地省、自治区、直辖市人民政府批准。

## （五）简答题

1. 简述《种子法》的立法目的。
2. 简述不得用于授权品种的命名的名称。

# 参考答案

## （一）判断题

1. ×，解析：根据《种子法》第4条规定：“国家扶持种质资源保护工作和选育、生产、更新、推广使用良种，鼓励品种选育和种子生产经营相结合，奖励在种质资源保护工作和良种选育、推广等工作中成绩显著的单位和个人。”
2. √，解析：根据《种子法》第5条。
3. ×，解析：根据《种子法》第6条规定：“省级以上人民政府建立种子储备制度，主要用于发生灾害时的生产需要及余缺调剂，保障农业和林业生产安全。对储备的种子应当定期检验和更新。种子储备的具体办法由国务院规定。”
4. ×，解析：根据《种子法》第7条规定：“转基因植物品种的选育、试验、审定和推广应当进行安全性评价，并采取严格的安全控制措施。国务院农业、林业主管部门应当加强跟踪监管并及时公告有关转基因植物品种审定和推广的信息。具体办法由国务院规定。”
5. √，解析：根据《种子法》第9条规定：“国家有计划地普查、收集、整理、鉴定、登记、保存、交流和利用种质资源，定期公布可供利用的种质资源目录。具体办法由国务院农业、林业主管部门规定。”
6. ×，解析：根据《种子法》第10条第1款规定：“ 国务院农业、林业主管部门应当建立种质资源库、种质资源保护区或者种质资源保护地。省、自治区、直辖市人民政府农业、林业主管部门可以根据需要建立种质资源库、种质资源保护区、种质资源保护地。种质资源库、种质资源保护区、种质资源保护地的种质资源属公共资源，依法开放利用。”

7. √，解析：根据《种子法》第 11 条。

8. ×，解析：根据《种子法》第 15 条第 3 款：“主要农作物品种和主要林木品种的审定办法由国务院农业、林业主管部门规定。审定办法应当体现公正、公开、科学、效率的原则，有利于产量、品质、抗性等的提高与协调，有利于适应市场和生活消费需要的品种的推广。在制定、修改审定办法时，应当充分听取育种者、种子使用者、生产经营者和相关行业代表意见。”

9. √，解析：根据《种子法》第 16 条第 1 款。

10. √，解析：根据《种子法》第 16 条第 2 款。

**（二）单项选择题**

A，解析：根据《种子法》第 46 条规定：“种子使用者因种子质量问题或者因种子的标签和使用说明标注的内容不真实，遭受损失的，种子使用者可以向出售种子的经营者要求赔偿，也可以向种子生产者或者其他经营者要求赔偿。赔偿额包括购种价款、可得利益损失和其他损失。属于种子生产者或者其他经营者责任的，出售种子的经营者赔偿后，有权向种子生产者或者其他经营者追偿；属于出售种子的经营者责任的，种子生产者或者其他经营者赔偿后，有权向出售种子的经营者追偿。”

**（三）多项选择题**

1. ABCD，解析：《种子法》第 32 条第 1 款规定：“申请取得种子生产经营许可证的，应当具有与种子生产经营相适应的生产经营设施、设备及专业技术人员，以及法规和国务院农业、林业主管部门规定的其他条件。”

2. ABCD，解析：根据《种子法》第 36 规定：“种子生产经营者应当建立和保存包括种子来源、产地、数量、质量、销售去向、销售日期和有关责任人员等内容的生产经营档案，保证可追溯。种子生产经营档案的具体载明事项，种子生产经营档案及种子样品的保存期限由国务院农业、林业主管部门规定。”

**（四）填空题**

1. 独占权；生产、繁殖或者销售。（《种子法》第 28 条）

2. 种子生产经营许可证。（《种子法》第 31 条第 2 款）

3. 人民政府农业、林业主管部门。（《种子法》第 31 条第 1 款）

4. 生产经营设施。(《种子法》第32条第1款)
5. 可追溯；国务院农业、林业主管部门。(《种子法》第36条)
6. 委托生产、代销其种子；不需要。(《种子法》第38条第1款)
7. 申请复检；同一检测方法。(《种子法》第47条第2款)
8. 不可抗力原因；人民政府。(《种子法》第53条)

**(五) 简答题**

1. 答:《种子法》第1条规定:“为了保护和合理利用种质资源，规范品种选育、种子生产经营和管理行为，保护植物新品种权，维护种子生产经营者、使用者的合法权益，提高种子质量，推动种子产业化，发展现代种业，保障国家粮食安全，促进农业和林业的发展，制定本法。”
2. 答:《种子法》第27条规定:“(一)仅以数字表示的;(二)违反社会公德的;(三)对植物新品种的特征、特性或者育种者身份等容易引起误解的。”

# 二十一、农产品质量安全法

## （一）判断题

1. 农产品，是指来源于农业的初级产品，即在农业活动中获得的植物、动物、微生物及其产品。（　　）
2. 禁止在有毒有害物质超过规定标准的区域生产、捕捞、采集食用农产品和建立农产品生产基地。（　　）
3. 禁止违反法律、法规的规定向农产品产地排放或者倾倒废水、废气、固体废物或者其他有毒有害物质。（　　）
4. 国务院农业行政主管部门和省、自治区、直辖市人民政府农业行政主管部门应当定期对可能危及农产品质量安全的农药、兽药、饲料和饲料添加剂、肥料等农业投入品进行监督抽查，并不需公布抽查结果。（　　）
5. 农产品生产记录应当保存 1 年。禁止伪造农产品生产记录。（　　）
6. 含有国家禁止使用的农业、兽药或者其他化学物质的农产品，不得销售。（　　）
7. 农药、兽药等化学物质残留或者含有的重金属等有毒有害物质不符合农产品质量安全标准的农产品，不得销售。（　　）
8. 使用的保鲜剂、防腐剂、添加剂等材料符合国家有关强制性的技术规范的农产品，不得销售。（　　）
9. 农产品生产企业、农民专业合作经济组织未建立或者未按照规定保存农产品生产记录的，或者伪造农产品生产记录的，责令限期改正。（　　）
10. 包装物或者标识上应当按照规定标明产品的品名、产地、生产者、生产日期、保质期、产品质量等级等内容；使用添加剂的，还应当按照规定标明添加剂的名称。（　　）

## （二）单项选择题

1. 以下哪个部门应当设立由有关方面专家组成的农产品质量安全风险评估

专家委员会，对可能影响农产品质量安全的潜在危害进行风险分析和评估？（　　）

A. 国务院农业行政主管部门　　B. 地方人民政府

C. 知名咨询公司　　D. 相关专家学者

2. 有关农产品质量安全标准的制定和发布，应当依照有关(　　)的规定执行。

A. 法律、行政法规　　B. 部门规章

C. 地方性法规　　D. 红头文件

3. 对可能影响农产品质量安全的农药、兽药、饲料和饲料添加剂、肥料、兽医器械，依照(　　)的规定实行许可制度。

A. 有关法律、行政法规　　B. 部门规章

C. 地方性法规　　D. 红头文件

4. 农产品生产企业和农民专业合作经济组织应当建立农产品生产记录，农产品生产记录应当保存(　　)年。

A. 1　　B. 2

C. 3　　D. 4

5. 生产、销售(　　)农产品，给消费者造成损害的，依法承担赔偿责任。

A. 含有农药的　　B. 重金属的

C. 防腐剂的　　D. 保鲜剂的

## (三) 多项选择题

1. 农产品生产企业、农民专业合作经济组织以及从事农产品收购的单位或者个人销售的农产品，按照规定应当包装或者附加标识的，须经包装或者附加标识后方可销售。包装物或者标识上应当按照规定标明(　　)。

A. 产品的品名　　B. 产地

C. 生产者　　D. 生产日期

2. 农产品在(　　)中所使用的保鲜剂、防腐剂、添加剂等材料，应当符合国家有关强制性的技术规范。

A. 包装　　B. 保鲜

C. 贮存　　D. 运输

3. 有下列情形之一的农产品，不得销售：（　　）
   A. 含有国家禁止使用的农药、兽药或者其他化学物质的
   B. 农药、兽药等化学物质残留或者含有的重金属等有毒有害物质不符合农产品质量安全标准的
   C. 含有的致病性寄生虫、微生物或者生物毒素不符合农产品质量安全标准的
   D. 使用的保鲜剂、防腐剂、添加剂等材料符合国家有关强制性的技术规范的

## （四）填空题

1. 农产品，是指来源于农业的初级产品，即在农业活动中获得的____、____、____及其产品。
2. 禁止在有毒有害物质超过规定标准的区域____、____、____和建立农产品生产基地。
3. 农产品质量安全检测机构伪造检测结果的，____，____，并处 5 万元以上 10 万元以下罚款，对直接负责的主管人员和其他直接责任人员处 1 万元以上 5 万元以下罚款；情节严重的，撤销其检测资格；造成损害的，依法承担赔偿责任。
4. 违反法律、法规规定，向农产品产地排放或者倾倒____、____、____或者____的，依照有关海洋环境保护法律、法规的规定处罚；造成损害的，依法承担赔偿责任。
5. 农产品批发市场中销售的农产品有《农产品质量安全法》第 33 条规定情形给消费者造成损害的，消费者可以向____要求赔偿；属于生产者、销售者责任的，____有权追偿。消费者也可以直接向____、____要求赔偿。

# 参考答案

### （一）判断题

1. √，解析：根据《农产品质量安全法》第 2 条第 1 款。
2. √，解析：根据《农产品质量安全法》第 17 条。

3. √，解析：根据《农产品质量安全法》第18条第1款。

4. ×，解析：根据《农产品质量安全法》第21条第2款规定：“国务院农业行政主管部门和省、自治区、直辖市人民政府农业行政主管部门应当定期对可能危及农产品质量安全的农药、兽药、饲料和饲料添加剂、肥料等农业投入品进行监督抽查，并公布抽查结果。”

5. ×，解析：根据《农产品质量安全法》第24条第2款规定：“农产品生产记录应当保存二年。禁止伪造农产品生产记录。”

6. √，解析：根据《农产品质量安全法》第33条第1项。

7. √，解析：根据《农产品质量安全法》第33条第2项。

8. ×，解析：根据《农产品质量安全法》第33条规定：“有下列情形之一的农产品，不得销售：（一）含有国家禁止使用的农药、兽药或者其他化学物质的；（二）农药、兽药等化学物质残留或者含有的重金属等有毒有害物质不符合农产品质量安全标准的；（三）含有的致病性寄生虫、微生物或者生物毒素不符合农产品质量安全标准的；（四）使用的保鲜剂、防腐剂、添加剂等材料不符合国家有关强制性的技术规范的；（五）其他不符合农产品质量安全标准的。”

9. √，解析：根据《农产品质量安全法》第47条。

10. √，解析：根据《农产品质量安全法》第28条。

**（二）单项选择题**

1. A，解析：根据《农产品质量安全法》第6条第1款规定：“国务院农业行政主管部门应当设立由有关方面专家组成的农产品质量安全风险评估专家委员会，对可能影响农产品质量安全的潜在危害进行风险分析和评估。”

2. A，解析：根据《农产品质量安全法》第11条规定：“国家建立健全农产品质量安全标准体系。农产品质量安全标准是强制性的技术规范。农产品质量安全标准的制定和发布，依照有关法律、行政法规的规定执行。”

3. A，解析：根据《农产品质量安全法》第21条规定：“对可能影响农产品质量安全的农药、兽药、饲料和饲料添加剂、肥料、兽医器械，依照有关法律、行政法规的规定实行许可制度。国务院农业行政主管部门和省、自治区、直辖市人民政府农业行政主管部门应当定期对可能危及农产品质量安全的农药、兽药、饲料和饲料添加剂、肥料等农业投入品进行监督抽查，并公布抽查结果。”

4. B，解析：根据《农产品质量安全法》第24条规定：“农产品生产企业和农民专业合作经济组织应当建立农产品生产记录，如实记载下列事项：（一）使用农业投入品的名称、来源、用法、用量和使用、停用的日期；（二）动物疫病、植物病虫草害的发生和防治情况；（三）收获、屠宰或者捕捞的日期。农产品生产记录应当保存二年。禁止伪造农产品生产记录。国家鼓励其他农产品生产者建立农产品生产记录。”

5. B，解析：根据《农产品质量安全法》第 54 条第 1 款规定：“生产、销售本法第三十三条所列农产品，给消费者造成损害的，依法承担赔偿责任。”第 33 条规定：“有下列情形之一的农产品，不得销售：（一）含有国家禁止使用的农药、兽药或者其他化学物质的；（二）农药、兽药等化学物质残留或者含有的重金属等有毒有害物质不符合农产品质量安全标准的；（三）含有的致病性寄生虫、微生物或者生物毒素不符合农产品质量安全标准的；（四）使用的保鲜剂、防腐剂、添加剂等材料不符合国家有关强制性的技术规范的；（五）其他不符合农产品质量安全标准的。”

**（三）多项选择题**

1. ABCD，解析：根据《农产品质量安全法》第 28 条规定：“农产品生产企业、农民专业合作经济组织以及从事农产品收购的单位或者个人销售的农产品，按照规定应当包装或者附加标识的，须经包装或者附加标识后方可销售。包装物或者标识上应当按照规定标明产品的品名、产地、生产者、生产日期、保质期、产品质量等级等内容；使用添加剂的，还应当按照规定标明添加剂的名称。具体办法由国务院农业行政主管部门制定。”
2. ABCD，解析：根据《农产品质量安全法》第 29 条规定：“农产品在包装、保鲜、贮存、运输中所使用的保鲜剂、防腐剂、添加剂等材料，应当符合国家有关强制性的技术规范。”
3. ABC，解析：根据《农产品质量安全法》第 33 条规定：“有下列情形之一的农产品，不得销售：（一）含有国家禁止使用的农药、兽药或者其他化学物质的；（二）农药、兽药等化学物质残留或者含有的重金属等有毒有害物质不符合农产品质量安全标准的；（三）含有的致病性寄生虫、微生物或者生物毒素不符合农产品质量安全标准的；（四）使用的保鲜剂、防腐剂、添加剂等材料不符合国家有关强制性的技术规范的；（五）其他不符合农产品质量安全标准的。”

**（四）填空题**

1. 植物；动物；微生物。（《农产品质量安全法》第 2 条）

2. 生产；捕捞；采集食用农产品。(《农产品质量安全法》第 17 条)
3. 责令改正；没收违法所得。(《农产品质量安全法》第 44 条第 1 款)
4. **废水；废气；固体废物；其他有毒有害物质。(《农产品质量安全法》第 45 条)**
5. **农产品批发市场；农产品批发市场；农产品生产者；销售者。(《农产品质量安全法》第 54 条第 2 款)**

# 二十二、选举法

## （一）判断题

1. 全国人民代表大会和地方各级人民代表大会代表的选举工作，坚持中国共产党的领导，坚持充分发扬民主，坚持严格依法办事。（　　）
2. 全国人民代表大会的代表，省、自治区、直辖市、设区的市、自治州的人民代表大会的代表，由本级人民代表大会选举。（　　）
3. 任何年满18周岁的中华人民共和国公民都享有选举权和被选举权。（　　）
4. 全国人民代表大会的代表，由省、自治区、直辖市的人民代表大会和人民政府产生。（　　）
5. 有少数民族聚居的地方，每一聚居的少数民族都应有代表参加当地的人民代表大会。（　　）

## （二）单项选择题

1. 省、自治区、直辖市、设区的市、自治州的人民代表大会常务委员会指导（　　）人民代表大会代表的选举工作。

   A. 本行政区域内县级以下

   B. 本行政区域内乡级

   C. 本行政区域内市级以下

   D. 本行政区域内县级

2. 不设区的市、市辖区、县、自治县的选举委员会的组成人员由（　　）任命。

   A. 本级人民代表大会

   B. 本级人民代表大会常务委员会

   C. 上级人民代表大会

   D. 上级人民代表大会常务委员会

3. 重新确定代表名额的，省、自治区、直辖市的人民代表大会常务委员会应当在(　　)将重新确定代表名额的情况报全国人民代表大会常务委员会备案。

A. 15日内　　B. 20日内

C. 25日内　　D. 30日内

4. 县级以上的地方各级人民代表大会举行会议的时候，主席团或者(　　)以上代表联名，可以提出对由该级人民代表大会选出的上一级人民代表大会代表的罢免案。

A. 1/5　　B. 1/7

C. 1/10　　D. 1/15

5. 按照《选举法》的相关规定，下列说法错误的是：(　　)

A. 罢免代表采用无记名的表决方式

B. 罢免县级和乡级的人民代表大会代表，须经原选区1/2的选民通过

C. 罢免由县级以上的地方各级人民代表大会选出的代表，须经各该级人民代表大会过半数的代表通过

D. 罢免的决议，须报送上一级人民代表大会常务委员会备案、公告

## (三) 多项选择题

1. 按照《选举法》相关规定，选举委员会应履行下列哪些职责？(　　)

A. 划分选举本级人民代表大会代表的选区，分配各选区应选代表的名额

B. 确定选举日期

C. 进行选民登记，审查选民资格，公布选民名单；受理对于选民名单不同意见的申诉，并作出决定

D. 确定选举结果是否有效，公布当选代表名单

2. 为保障选民和代表自由行使选举权和被选举权，(　　)行为，破坏选举，违反治安管理规定的，依法给予治安管理处罚；构成犯罪的，依法追究刑事责任：

A. 以金钱或者其他财物贿赂选民或者代表，妨害选民和代表自由行使选举权和被选举权的

B. 以暴力、威胁、欺骗或者其他非法手段妨害选民和代表自由行使选举

权和被选举权的

C. 伪造选举文件、虚报选举票数或者有其他违法行为的

D. 对于控告、检举选举中违法行为的人，或者对于提出要求罢免代表的人进行压制、报复的

3. 关于选举机构，下列选项正确的是：（　　）

A. 全国人民代表大会常务委员会主持全国人民代表大会代表的选举

B. 省、自治区、直辖市、设区的市、自治州的人民代表大会常务委员会主持下级人民代表大会代表的选举

C. 不设区的市、市辖区、县、自治县、乡、民族乡、镇设立选举委员会，主持本级人民代表大会代表的选举

D. 不设区的市、市辖区、县、自治县的选举委员会受本级人民代表大会常务委员会的领导

4. 按照《选举法》中关于全国人民代表大会代表名额的相关规定，下列说法正确的是：（　　）

A. 全国人民代表大会的代表，由省、自治区、直辖市的人民代表大会和人民解放军选举产生

B. 全国少数民族应选全国人民代表大会代表，由全国人民代表大会常务委员会参照各少数民族的人口数和分布等情况，分配给各省、自治区、直辖市的人民代表大会选出

C. 香港特别行政区、澳门特别行政区应选全国人民代表大会代表的名额和代表产生办法，由全国人民代表大会另行规定

D. 全国人民代表大会代表的名额不超过 3500 人

5. 关于各少数民族的选举，下列说法正确的是：（　　）

A. 聚居境内同一少数民族的总人口数不足境内总人口数 15% 的，每一代表所代表的人口数可以适当少于当地人民代表大会每一代表所代表的人口数，但不得少于 1/3

B. 有少数民族聚居的地方，每一聚居的少数民族都应有代表参加当地的人民代表大会

C. 聚居境内同一少数民族的总人口数占境内总人口数 30% 以上的，每一代表所代表的人口数应相当于当地人民代表大会每一代表所代表的人

口数

D. 散居的少数民族应选当地人民代表大会的代表，每一代表所代表的人口数可以少于当地人民代表大会每一代表所代表的人口数

## （四）填空题

1. 中华人民共和国年满18周岁的公民，不分民族、种族、性别、职业、家庭出身、宗教信仰、教育程度、财产状况和居住期限，都有选举权和被选举权。依照法律____的人没有选举权和被选举权。每一选民在一次选举中只有____投票权。
2. 全国人民代表大会和地方各级人民代表大会的选举经费，列入____，由____开支。
3. 旅居国外的中华人民共和国公民在县级以下人民代表大会代表选举期间在国内的，可以参加____或____的选举。
4. 香港特别行政区、澳门特别行政区应选全国人民代表大会代表的名额和代表产生办法，由____另行规定。

## （五）简答题

按照《选举法》的相关规定，简述选区的划分。

# 参考答案

### （一）判断题

1. √，解析：根据《选举法》第2条规定：“全国人民代表大会和地方各级人民代表大会代表的选举工作，坚持中国共产党的领导，坚持充分发扬民主，坚持严格依法办事。”
2. ×，解析：根据《选举法》第3条第1款规定：“全国人民代表大会的代表，省、自治区、直辖市、设区的市、自治州的人民代表大会的代表，由下一级人民代表大会选举。”
3. ×，解析：根据《选举法》第4条规定：“中华人民共和国年满十八周岁的公民，不分民族、种族、性别、职业、家庭出身、宗教信仰、教育程度、财产状况和居住期限，都有选举权和被选举权。依照法律被剥夺政治权利的人没

有选举权和被选举权。”

4. ×，解析：根据《选举法》第16条第1款规定：“全国人民代表大会的代表，由省、自治区、直辖市的人民代表大会和人民解放军选举产生。”
5. √，解析：根据《选举法》第19条第1款规定：“有少数民族聚居的地方，每一聚居的少数民族都应有代表参加当地的人民代表大会。”

**（二）单项选择题**

1. A，解析：根据《选举法》第9条第3款规定：“省、自治区、直辖市、设区的市、自治州的人民代表大会常务委员会指导本行政区域内县级以下人民代表大会代表的选举工作。”
2. B，解析：根据《选举法》第10条第1款规定：“不设区的市、市辖区、县、自治县的选举委员会的组成人员由本级人民代表大会常务委员会任命。乡、民族乡、镇的选举委员会的组成人员由不设区的市、市辖区、县、自治县的人民代表大会常务委员会任命。”
3. D，解析：根据《选举法》第14条第2款规定：“依照前款规定重新确定代表名额的，省、自治区、直辖市的人民代表大会常务委员会应当在三十日内将重新确定代表名额的情况报全国人民代表大会常务委员会备案。”
4. C，解析：根据《选举法》第51条第1款规定：“县级以上的地方各级人民代表大会举行会议的时候，主席团或者十分之一以上代表联名，可以提出对由该级人民代表大会选出的上一级人民代表大会代表的罢免案。”
5. B，解析：根据《选举法》第53条第1款规定“罢免县级和乡级的人民代表大会代表，须经原选区过半数的选民通过。”

**（三）多项选择题**

1. ABCD，解析：根据《选举法》第11条规定：“选举委员会履行下列职责：（一）划分选举本级人民代表大会代表的选区，分配各选区应选代表的名额；（二）进行选民登记，审查选民资格，公布选民名单；受理对于选民名单不同意见的申诉，并作出决定；（三）确定选举日期；（四）了解核实并组织介绍代表候选人的情况；根据较多数选民的意见，确定和公布正式代表候选人名单；（五）主持投票选举；（六）确定选举结果是否有效，公布当选代表名单；（七）法律规定的其他职责。选举委员会应当及时公布选举信息。”
2. ABCD，解析：根据《选举法》第58条规定：“为保障选民和代表自由行使选举权和被选举权，对有下列行为之一，破坏选举，违反治安管理规定的，依法给予治安管理处罚；构成犯罪的，依法追究刑事责任：（一）以金钱或者其他财物贿赂选民或者代表，妨害选民和代表自由行使选举权和被选举权的；（二）以暴力、威胁、欺骗或者其他非法手段妨害选民和代表自由行使选举权和被选举权的；（三）伪造选举文件、虚报选举票数或者有其他违法行为的；（四）对于控告、检举选举中违法行为的人，或者对于提出要求罢免代表的人进行压制、报复的。国家工作人员有前款所列行为的，还应当由监察机关给予政务处分或者由所在机关、单位给予处分。以本条第一款所列违法行为当选的，其当选无效。”

3. ACD，解析：根据《选举法》第 9 条规定：“全国人民代表大会常务委员会主持全国人民代表大会代表的选举。省、自治区、直辖市、设区的市、自治州的人民代表大会常务委员会主持本级人民代表大会代表的选举。不设区的市、市辖区、县、自治县、乡、民族乡、镇设立选举委员会，主持本级人民代表大会代表的选举。不设区的市、市辖区、县、自治县的选举委员会受本级人民代表大会常务委员会的领导。乡、民族乡、镇的选举委员会受不设区的市、市辖区、县、自治县的人民代表大会常务委员会的领导。省、自治区、直辖市、设区的市、自治州的人民代表大会常务委员会指导本行政区域内县级以下人民代表大会代表的选举工作。”

4. ABC，解析：根据《选举法》第 16 条规定：“全国人民代表大会的代表，由省、自治区、直辖市的人民代表大会和人民解放军选举产生。全国人民代表大会代表的名额不超过三千人。香港特别行政区、澳门特别行政区应选全国人民代表大会代表的名额和代表产生办法，由全国人民代表大会另行规定。”《选举法》第 18 条规定：“全国少数民族应选全国人民代表大会代表，由全国人民代表大会常务委员会参照各少数民族的人口数和分布等情况，分配给各省、自治区、直辖市的人民代表大会选出。人口特少的民族，至少应有代表一人。”

5. BCD，解析：根据《选举法》第 19 条第 1、2、3 款规定：“有少数民族聚居的地方，每一聚居的少数民族都应有代表参加当地的人民代表大会。聚居境内同一少数民族的总人口数占境内总人口数百分之三十以上的，每一代表所代表的人口数应相当于当地人民代表大会每一代表所代表的人口数。聚居境内同一少数民族的总人口数不足境内总人口数百分之十五的，每一代表所代表的人口数可以适当少于当地人民代表大会每一代表所代表的人口数，但不得少于二分之一。”《选举法》第 21 条第 1 款规定：“散居的少数民族应选当地人民代表大会的代表，每一代表所代表的人口数可以少于当地人民代表大会每一代表所代表的人口数。”

**（四）填空题**

1. 被剥夺政治权利；1 个。（《选举法》第 4 条、第 5 条）
2. 财政预算；国库。（《选举法》第 8 条）
3. 原籍地；出国前居住地。（《选举法》第 7 条第 3 款）
4. 全国人民代表大会。（《选举法》第 16 条第 3 款）

**（五）简答题**

答：《选举法》第 25 条规定：“不设区的市、市辖区、县、自治县、乡、民族乡、镇的人民代表大会的代表名额分配到选区，按选区进行选举。选区可以按居住状况划分，也可以按生产单位、事业单位、工作单位划分。选区的大小，按照每一选区选一名至三名代表划分。”《选举法》第 26 条规定：“本行政区域内各选区每一代表所代表的人口数应当大体相等。”

# 二十三、村民委员会组织法

## （一）判断题

1. 乡、民族乡、镇的人民政府对村民委员会的工作给予指导、支持和帮助，同时可以对依法属于村民自治范围内的事项进行干预。（　　）
2. 村民委员会成员中，应当有妇女成员，多民族村民居住的村应当有人数较少的民族的成员。（　　）
3. 村民委员会及其成员只需贯彻村民自治原则，遵守并组织实施村民自治章程、村规民约，执行村民会议、村民代表会议的决定、决议，办事公道，廉洁奉公，热心为村民服务，接受村民监督。（　　）
4. 罢免村民委员会成员，须有登记参加选举的村民过半数投票，并须经投票的村民过半数通过。（　　）
5. 村民委员会成员只有在丧失行为能力时，其职务自行终止。（　　）
6. 村民会议可以授权村民代表会议审议村民委员会的年度工作报告，评议村民委员会成员的工作，撤销或者变更村民委员会不适当的决定。（　　）
7. 村民代表会议由村民委员会召集。村民代表会议每年召开一次。有1/5以上的村民代表提议，应当召集村民代表会议。（　　）
8. 村民会议可以制定和修改村民自治章程、村规民约，并报乡、民族乡、镇的人民政府备案。（　　）
9. 村民委员会成员以及由村民或者村集体承担误工补贴的聘用人员，应当接受村民会议或者村民代表会议对其履行职责情况的民主评议。民主评议每季度至少进行一次，由村务监督机构主持。（　　）

## （二）单项选择题

1. 村民委员会每届任期（　　），届满应当及时举行换届选举。村民委员会成员可以连选连任。

A. 1 年　　　B. 3 年
C. 5 年　　　D. 7 年

2. 年满(　　)周岁的村民，不分民族、种族、性别、职业、家庭出身、宗教信仰、教育程度、财产状况、居住期限，都有选举权和被选举权；但是，依照法律被剥夺政治权利的人除外。
A. 18　　　B. 22
C. 30　　　D. 50

3. 人数较多或者居住分散的村，可以设立村民代表会议，讨论决定村民会议授权的事项。村民代表会议由村民委员会成员和村民代表组成，村民代表应当占村民代表会议组成人员的五分之四以上，妇女村民代表应当占村民代表会议组成人员的(　　)以上。
A. 1/3　　　B. 1/2
C. 3/4　　　D. 2/5

4. 人民政府对村民委员会协助政府开展工作应当提供必要的条件；人民政府有关部门委托村民委员会开展工作需要经费的，由(　　)承担。
A. 地方人民政府　　　B. 委托部门
C. 村民委员会　　　D. 国库

## (三) 多项选择题

1. 村民委员会是村民自我管理、自我教育、自我服务的基层群众性自治组织，实行(　　)。
A. 民主选举　　　B. 民主决策
C. 民主管理　　　D. 民主监督

2. 以下哪些行为属于不正当手段当选村民委员会成员的，当选无效？(　　)
A. 暴力、威胁　　　B. 欺骗、贿赂
C. 伪造选票　　　D. 虚报选举票数

3. 涉及村民利益的下列事项，经村民会议讨论决定方可办理：(　　)
A. 土地承包经营方案
B. 宅基地使用方案
C. 相邻权纠纷的解决方案

D. 以借贷、租赁或者其他方式处分村集体财产

4. 村民委员会实行村务公开制度。村民委员会应当及时公布下列事项，接受村民的监督：（　　）

A.《村民委员会组织法》第 23 条、第 24 条规定的由村民会议、村民代表会议讨论决定的事项及其实施情况

B. 国家计划生育政策的落实方案

C. 政府拨付和接受社会捐赠的救灾救助、补贴补助等资金、物资的管理使用情况

D. 村民委员会协助人民政府开展工作的情况

## （四）填空题

1. 村民委员会根据村民居住状况、人口多少，按照便于____，有利于____和____的原则设立。

2. 本村____以上有选举权的村民或者____以上的村民代表联名，可以提出罢免村民委员会成员的要求，并说明要求罢免的理由。被提出罢免的村民委员会成员有权提出申辩意见。

3. 村民委员会不及时公布应当公布的事项或者公布的事项不真实的，村民有权向乡、民族乡、镇的____或者县级____及其____反映。

4. 人民政府对村民委员会协助政府开展工作应当提供必要的条件；人民政府有关部门委托村民委员会开展工作需要经费的，由____承担。村民委员会办理本村公益事业所需的经费，由____通过筹资筹劳解决；经费确有困难的，由地方____给予适当支持。

# 参考答案

## （一）判断题

1. ×，解析：根据《村民委员会组织法》第 5 条规定：“乡、民族乡、镇的人民政府对村民委员会的工作给予指导、支持和帮助，但是不得干预依法属于村民自治范围内的事项。村民委员会协助乡、民族乡、镇的人民政府开展工作。”

2. √，解析：根据《村民委员会组织法》第 6 条第 2 款。
3. ×，解析：根据《村民委员会组织法》第 10 条规定：“村民委员会及其成员应当遵守宪法、法律、法规和国家的政策，遵守并组织实施村民自治章程、村规民约，执行村民会议、村民代表会议的决定、决议，办事公道，廉洁奉公，热心为村民服务，接受村民监督。”
4. √，解析：根据《村民委员会组织法》第 16 条第 2 款。
5. ×，解析：根据《村民委员会组织法》第 18 条规定：“村民委员会成员丧失行为能力或者被判处刑罚的，其职务自行终止。”
6. √，解析：根据《村民委员会组织法》第 23 条第 2 款。
7. ×，解析：根据《村民委员会组织法》第 26 条规定：“村民代表会议由村民委员会召集。村民代表会议每季度召开一次。有五分之一以上的村民代表提议，应当召集村民代表会议。村民代表会议有三分之二以上的组成人员参加方可召开，所作决定应当经到会人员的过半数同意。”
8. √，解析：根据《村民委员会组织法》第 27 条第 1 款。
9. ×，解析：根据《村民委员会组织法》第 33 条规定：“村民委员会成员以及由村民或者村集体承担误工补贴的聘用人员，应当接受村民会议或者村民代表会议对其履行职责情况的民主评议。民主评议每年至少进行一次，由村务监督机构主持。村民委员会成员连续两次被评议不称职的，其职务终止。”

**（二）单项选择题**

1. C，解析：根据《村民委员会组织法》第 11 条规定：“村民委员会主任、副主任和委员，由村民直接选举产生。任何组织或者个人不得指定、委派或者撤换村民委员会成员。村民委员会每届任期五年，届满应当及时举行换届选举。村民委员会成员可以连选连任。”
2. A，解析：根据《村民委员会组织法》第 13 条规定：“年满十八周岁的村民，不分民族、种族、性别、职业、家庭出身、宗教信仰、教育程度、财产状况、居住期限，都有选举权和被选举权；但是，依照法律被剥夺政治权利的人除外。村民委员会选举前，应当对下列人员进行登记，列入参加选举的村民名单：（一）户籍在本村并且在本村居住的村民；（二）户籍在本村，不在本村居住，本人表示参加选举的村民；（三）户籍不在本村，在本村居住一年以上，本人申请参加选举，并且经村民会议或者村民代表会议同意参加选举的公民。已在户籍所在村或者居住村登记参加选举的村民，不得再参加其他地方村民委员会的选举。”

3. A，解析：根据《村民委员会组织法》第25条规定：“人数较多或者居住分散的村，可以设立村民代表会议，讨论决定村民会议授权的事项。村民代表会议由村民委员会成员和村民代表组成，村民代表应当占村民代表会议组成人员的五分之四以上，妇女村民代表应当占村民代表会议组成人员的三分之一以上。村民代表由村民按每五户至十五户推选一人，或者由各村民小组推选若干人。村民代表的任期与村民委员会的任期相同。村民代表可以连选连任。村民代表应当向其推选户或者村民小组负责，接受村民监督。”

4. B，解析：根据《村民委员会组织法》第37条规定：“人民政府对村民委员会协助政府开展工作应当提供必要的条件；人民政府有关部门委托村民委员会开展工作需要经费的，由委托部门承担。村民委员会办理本村公益事业所需的经费，由村民会议通过筹资筹劳解决；经费确有困难的，由地方人民政府给予适当支持。”

（三）多项选择题

1. ABCD，解析：根据《村民委员会组织法》第2条规定：“村民委员会是村民自我管理、自我教育、自我服务的基层群众性自治组织，实行民主选举、民主决策、民主管理、民主监督。村民委员会办理本村的公共事务和公益事业，调解民间纠纷，协助维护社会治安，向人民政府反映村民的意见、要求和提出建议。村民委员会向村民会议、村民代表会议负责并报告工作。”

2. ABCD，解析：根据《村民委员会组织法》第17条规定：“以暴力、威胁、欺骗、贿赂、伪造选票、虚报选举票数等不正当手段当选村民委员会成员的，当选无效。对以暴力、威胁、欺骗、贿赂、伪造选票、虚报选举票数等不正当手段，妨害村民行使选举权、被选举权，破坏村民委员会选举的行为，村民有权向乡、民族乡、镇的人民代表大会和人民政府或者县级人民代表大会常务委员会和人民政府及其有关主管部门举报，由乡级或者县级人民政府负责调查并依法处理。”

3. ABD，解析：根据《村民委员会组织法》第24条规定：“涉及村民利益的下列事项，经村民会议讨论决定方可办理：（一）本村享受误工补贴的人员及补贴标准；（二）从村集体经济所得收益的使用；（三）本村公益事业的兴办和筹资筹劳方案及建设承包方案；（四）土地承包经营方案；（五）村集体经济项目的立项、承包方案；（六）宅基地的使用方案；（七）征地补偿费的使用、分配方案；（八）以借贷、租赁或者其他方式处分村集体财产；（九）村民会议认为应当由村民会议讨论决定的涉及村民利益的其他事项。村民会议可以授权村民代表会议讨论决定前款规定的事项。法律对讨论决定村集体经济组织财产和成员权益的事项另有规定的，依照其规定。”

4. ABCD，解析：根据《村民委员会组织法》第 30 条规定：“村民委员会实行村务公开制度。村民委员会应当及时公布下列事项，接受村民的监督：（一）本法第二十三条、第二十四条规定的由村民会议、村民代表会议讨论决定的事项及其实施情况；（二）国家计划生育政策的落实方案；（三）政府拨付和接受社会捐赠的救灾救助、补贴补助等资金、物资的管理使用情况；（四）村民委员会协助人民政府开展工作的情况；（五）涉及本村村民利益，村民普遍关心的其他事项。前款规定事项中，一般事项至少每季度公布一次；集体财务往来较多的，财务收支情况应当每月公布一次；涉及村民利益的重大事项应当随时公布。村民委员会应当保证所公布事项的真实性，并接受村民的查询。”

**（四）填空题**

1. 群众自治；经济发展；社会管理。（《村民委员会组织法》第 3 条第 1 款）
2. 1/5；1/3。（《村民委员会组织法》第 16 条第 1 款）
3. 人民政府；人民政府；有关主管部门。（《村民委员会组织法》第 31 条）
4. 委托部门；村民会议；人民政府。（《村民委员会组织法》第 37 条）

# 二十四、道路交通安全法

## （一）判断题

1. 道路交通安全工作，应当遵循依法管理、方便群众的原则。（　　）
2. 县级以上地方各级人民政府应当适应道路交通发展的需要，依据道路交通安全法律、法规和国家有关政策，制定道路交通安全管理规划，并组织实施。（　　）
3. 国务院交通安全部门负责全国道路交通安全管理工作。（　　）
4. 各级交管部门应当经常进行道路交通安全教育，提高公民的道路交通安全意识。（　　）
5. 教育行政部门、学校应当将道路交通安全教育纳入法制教育的内容。（　　）
6. 新闻、出版、广播、电视等有关单位，有进行道路交通安全教育的义务。（　　）
7. 驾驶机动车上道路行驶，可以不悬挂机动车号牌，但要放置检验合格标志、保险标志，并随车携带机动车行驶证。（　　）
8. 公安机关交通管理部门、机动车安全技术检验机构可以要求机动车到指定的场所进行维修、保养。（　　）
9. 驾驶人应当按照驾驶证载明的准驾车型驾驶机动车；驾驶机动车时，应当随身携带机动车驾驶证。（　　）
10. 道路划设专用车道的，在特殊情况下，可以允许其他车辆进入专用车道内行驶。（　　）

## （二）单项选择题

1. 行人、乘车人、非机动车驾驶人违反道路交通安全法律、法规关于道路通行规定的：（　　）

　A. 处警告

B. 处50元罚款

C. 拘留

D. 处警告或者五元以上五十元以下罚款

2. 机动车驾驶人违反道路交通安全法律、法规关于道路通行规定的，处：

A. 警告

B. 警告或者20元以上200元以下罚款

C. 拘留

D. 200元罚款

3. 饮酒后驾驶机动车的，处：(　　)

A. 处暂扣6个月机动车驾驶证，并处1000元以上2000元以下罚款

B. 处暂扣3个月机动车驾驶证，并处1000千元以上2000元以下罚款

C. 处暂扣3个月机动车驾驶证，并处1000元以上3000元以下罚款

D. 处暂扣9个月机动车驾驶证，并处1000元以上2000元以下罚款

4. 醉酒驾驶机动车的，由公安机关交通管理部门约束至酒醒，吊销机动车驾驶证，依法追究刑事责任；(　　)年内不得重新取得机动车驾驶证。

A. 4　　B. 5

C. 6　　D. 7

5. 伪造、变造或者使用伪造、变造的机动车登记证书、号牌、行驶证、驾驶证的，由公安机关交通管理部门予以收缴，(　　)

A. 扣留该机动车，处20日以下拘留，并处2000元以上5000元以下罚款

B. 扣留该机动车，处20日以下拘留，并处3000元以上5000元以下罚款

C. 扣留该机动车，处15日以下拘留，并处2000元以上5000元以下罚款

D. 扣留该机动车，处10日以下拘留，并处2000元以上5000元以下罚款

## (三) 多项选择题

1. (　　)应当对本单位的人员进行道路交通安全教育。

A. 机关　　C. 企业事业单位

B. 部队　　D. 社会团体及其他组织

2. 任何单位和个人不得有下列哪些行为：(　　)

A. 拼装机动车或者擅自改变机动车已登记的结构、构造或者特征

B. 改变机动车型号、发动机号、车架号或者车辆识别代号

C. 伪造、变造或者使用伪造、变造的机动车登记证书、号牌、行驶证、检验合格标志、保险标志

D. 使用其他机动车的登记证书、号牌、行驶证、检验合格标志、保险标志

3. 同车道行驶的机动车，后车应当与前车保持足以采取紧急制动措施的安全距离。下列哪些情形下不得超车：（　　）

A. 前车正在左转弯、掉头、超车的

B. 与对面来车有会车可能的

C. 前车为执行紧急任务的警车、消防车、救护车、工程救险车的

D. 行经铁路道口、交叉路口、窄桥、弯道、陡坡、隧道、人行横道、市区交通流量大的路段等没有超车条件的

4. 交通警察调查处理道路交通安全违法行为和交通事故，哪些情形下，应当回避：（　　）

A. 是本案的当事人或者当事人的近亲属

B. 本人或者其近亲属与本案有利害关系

C. 与本案当事人有其他关系，可能影响案件的公正处理

D. 是本案的证人或者受害人

5. 对道路交通安全违法行为的处罚种类包括：（　　）

A. 警告

B. 罚款

C. 暂扣或者吊销机动车驾驶证

D. 拘留

## （四）填空题

1. 各级____应当保障道路交通安全管理工作与经济建设和社会发展相适应。

2. 县级以上各级人民政府____依据各自职责，负责有关的道路交通工作。

3. 机动车安全技术检验机构对机动车检验收取费用，应当严格执行____核定的收费标准。

4. 国家实行机动车强制报废制度，根据机动车的____和____，规定不同的

报废标准。

5. 国家实行____，设立道路交通事故社会救助基金。具体办法由国务院规定。
6. 依法应当登记的非机动车，经公安机关____登记后，方可上道路行驶。
7. ____以外的任何单位或者个人，不得收缴、扣留机动车驾驶证。
8. 机动车的驾驶培训实行社会化，由____对驾驶培训学校、驾驶培训班实行资格管理，其中专门的拖拉机驾驶培训学校、驾驶培训班由____实行资格管理。
9. 公安机关交通管理部门对机动车驾驶人违反道路交通安全法律、法规的行为，除依法给予行政处罚外，实行____。公安机关交通管理部门对累积记分达到规定分值的机动车驾驶人，扣留____，对其进行____；考试合格的，发还其机动车驾驶证。

## 参考答案

**（一）判断题**

1. √，解析：根据《道路交通安全法》第 3 条。
2. √，解析：根据《道路交通安全法》第 4 条第 2 款。
3. ×，解析：根据《道路交通安全法》第 5 条第 1 款："国务院公安部门负责全国道路交通安全管理工作。县级以上地方各级人民政府公安机关交通管理部门负责本行政区域内的道路交通安全管理工作。"
4. ×，解析：根据《道路交通安全法》第 6 条第 1 款："各级人民政府应当经常进行道路交通安全教育，提高公民的道路交通安全意识。"
5. √，解析：根据《道路交通安全法》第 6 条第 4 款。
6. √，解析：根据《道路交通安全法》第 6 条第 5 款。
7. ×，解析：根据《道路交通安全法》第 11 条第 1 款："驾驶机动车上道路行驶，应当悬挂机动车号牌，放置检验合格标志、保险标志，并随车携带机动车行驶证。"
8. ×，解析：根据《道路交通安全法》第 13 条第 4 款："公安机关交通管理部门、机动车安全技术检验机构不得要求机动车到指定的场所进行维修、保养。"

9. √，解析：根据《道路交通安全法》第19条第4款。

10. ×，解析：根据《道路交通安全法》第37条：“道路划设专用车道的，在专用车道内，只准许规定的车辆通行，其他车辆不得进入专用车道内行驶。”

**（二）单项选择题**

1. D，解析：根据《道路交通安全法》第89条：“行人、乘车人、非机动车驾驶人违反道路交通安全法律、法规关于道路通行规定的，处警告或者五元以上五十元以下罚款。”

2. B，解析：根据《道路交通安全法》第90条：“机动车驾驶人违反道路交通安全法律、法规关于道路通行规定的，处警告或者二十元以上二百元以下罚款。本法另有规定的，依照规定处罚。”

3. A，解析：根据《道路交通安全法》第91条第1款：“饮酒后驾驶机动车的，处暂扣六个月机动车驾驶证，并处一千元以上二千元以下罚款。因饮酒后驾驶机动车被处罚，再次饮酒后驾驶机动车的，处十日以下拘留，并处一千元以上二千元以下罚款，吊销机动车驾驶证。”

4. B，解析：根据《道路交通安全法》第91条第2款：“醉酒驾驶机动车的，由公安机关交通管理部门约束至酒醒，吊销机动车驾驶证，依法追究刑事责任；五年内不得重新取得机动车驾驶证。”

5. C，解析：根据《道路交通安全法》第96条第1款：“伪造、变造或者使用伪造、变造的机动车登记证书、号牌、行驶证、驾驶证的，由公安机关交通管理部门予以收缴，扣留该机动车，处十五日以下拘留，并处二千元以上五千元以下罚款。”

**（三）多项选择题**

1. ABCD，解析：根据《道路交通安全法》第6条第3款：“机关、部队、企业事业单位、社会团体以及其他组织，应当对本单位的人员进行道路交通安全教育。”

2. ABCD，解析：根据《道路交通安全法》第16条：“任何单位或者个人不得有下列行为：（一）拼装机动车或者擅自改变机动车已登记的结构、构造或者特征；（二）改变机动车型号、发动机号、车架号或者车辆识别代号；（三）伪造、变造或者使用伪造、变造的机动车登记证书、号牌、行驶证、检验合格标志、保险标志；（四）使用其他机动车的登记证书、号牌、行驶证、检验合格标志、保险标志。”

3. ABCD，解析：根据《道路交通安全法》第43条：“同车道行驶的机动车，后车应当与前车保持足以采取紧急制动措施的安全距离。有下列情形之一的，不得超车：（一）前车正在左转弯、掉头、超车的；（二）与对面来车有会车可能的；（三）前车为执行紧急任务的警车、消防车、救护车、工程救险车的；（四）行经铁路道口、交叉路口、窄桥、弯道、陡坡、隧道、人行横道、市区交通流量大的路段等没有超车条件的。”

4. ABC，解析：根据《道路交通安全法》第 83 条：“交通警察调查处理道路交通安全违法行为和交通事故，有下列情形之一的，应当回避：（一）是本案的当事人或者当事人的近亲属；（二）本人或者其近亲属与本案有利害关系；（三）与本案当事人有其他关系，可能影响案件的公正处理。”
5. ABCD，解析：根据《道路交通安全法》第 88 条：“对道路交通安全违法行为的处罚种类包括：警告、罚款、暂扣或者吊销机动车驾驶证、拘留。”

**（四）填空题**

1. 人民政府。（《道路交通安全法》第 4 条第 1 款）
2. 交通、建设管理部门。（《道路交通安全法》第 5 条第 2 款）
3. 国务院价格主管部门。（《道路交通安全法》第 13 条第 5 款）
4. 安全技术状况、不同用途。（《道路交通安全法》第 14 条第 1 款）
5. 机动车第三者责任强制保险制度。（《道路交通安全法》第 17 条）
6. 交通管理部门。（《道路交通安全法》第 18 条第 2 款）
7. 公安机关交通管理部门。（《道路交通安全法》第 19 条第 5 款）
8. 交通主管部门、农业（农业机械）主管部门。（《道路交通安全法》第 20 条第 1 款）
9. 累积记分制度、机动车驾驶证、道路交通安全法律、法规教育，重新考试。（《道路交通安全法》第 24 条第 1 款）

# 二十五、保障农民工工资支付条例

## （一）判断题

1. 农民工有按时足额获得工资的权利。任何单位和个人不得拖欠农民工工资。农民工应当遵守劳动纪律和职业道德，执行劳动安全卫生规程，完成劳动任务。（　　）
2. 县镇人民政府应当加强对拖欠农民工工资矛盾的排查和调处工作，防范和化解矛盾，及时调解纠纷。（　　）
3. 任何单位和个人对拖欠农民工工资的行为，有权向人力资源社会保障行政部门或者其他有关部门举报。（　　）
4. 用人单位应当按照与农民工口头约定的工资支付周期和具体支付日期足额支付工资。（　　）
5. 实行月、周、日、小时工资制的，按照月、周、日、小时为周期支付工资；实行计件工资制的，工资支付周期由双方依法约定。（　　）
6. 用人单位向农民工支付工资时，不必提供农民工本人的工资清单。（　　）
7. 用人单位允许未取得相应资质的单位以用人单位的名义对外经营，导致拖欠所招用农民工工资的，由用人单位清偿，并可以依法进行追偿。（　　）
8. 用人单位合并或者分立时，应当在实施合并或者分立前依法清偿拖欠的农民工工资；经与农民工书面协商一致的，可以由合并或者分立前的用人单位继续清偿。（　　）
9. 施工总承包单位应当按照有关规定开设农民工工资专用账户，专项用于支付该工程建设项目农民工工资。（　　）

## （二）单项选择题

1. 保障农民工工资支付，应当坚持市场主体负责、政府依法监管、社会协同监督，按照(　　)的要求，依法根治拖欠农民工工资问题。

A. 源头治理、治理为主、防治结合、标本兼治

B. 源头治理、预防为主、防治结合、标本兼治

C. 源头治理、预防为主、防堵结合、标本兼治

D. 源头治理、预防为主、堵治结合、标本兼治

2. (　　)负责保障农民工工资支付工作的组织协调、管理指导和农民工工资支付情况的监督检查，查处有关拖欠农民工工资案件。

A. 农村和农业行政部门

B. 民政行政部门

C. 人力资源社会保障行政部门

D. 市场监管行政部门

3. 用人单位应当按照工资支付周期编制书面工资支付台账，并至少保存(　　)。

A. 1 年　　B. 2 年

C. 3 年　　D. 5 年

4. 用人单位拖欠农民工工资的，应当依法予以(　　)。

A. 赔偿　　B. 清偿

C. 补偿　　D. 抵偿

## (三) 多项选择题

1. 用人单位实行农民工劳动用工实名制管理，与招用的农民工(　　)规定工资支付标准、支付时间、支付方式等内容。

A. 书面约定

B. 口头约定

C. 书面或口头约定

D. 通过依法制定的规章制度

2. (　　)等用人单位拖欠农民工工资的，应当依法予以清偿；不清偿的，由出资人依法清偿。

A. 有限公司　　B. 合伙企业

C. 个人独资企业　　D. 个体经济组织

3. 用人单位(　　)的，应当在申请注销登记前依法清偿拖欠的农民工工资。

A. 被依法吊销营业执照　　B. 被责令关闭

C. 被撤销　　D. 依法解散

## （四）填空题

1. 为了规范农民工____行为，保障农民工____获得工资，根据《劳动法》及有关法律规定，制定《保障农民工工资支付条例》。
2. 公安机关负责及时受理、侦办涉嫌____刑事案件，依法处置因农民工工资____引发的社会治安案件。
3. 被拖欠工资的农民工有权____，或者申请____和提起____。
4. 农民工工资应当以____形式，通过银行转账或者____支付给农民工本人，不得以____或者有价证券等其他形式替代。
5. 用工单位使用个人、不具备____资格的单位或者未依法取得____的单位派遣的农民工，拖欠农民工工资的，由用工单位清偿，并可以依法进行____。

## （五）简答题

1. 简述书面工资支付台账应当包括的内容。
2. 简述施工总承包单位在施工现场设立维权信息告示牌应明示的事项。

# 参考答案

### （一）判断题

1. √，解析：根据《保障农民工工资支付条例》第3条。
2. ×，解析：根据《保障农民工工资支付条例》第4条第2款规定：“乡镇人民政府、街道办事处应当加强对拖欠农民工工资矛盾的排查和调处工作，防范和化解矛盾，及时调解纠纷。”
3. √，解析：根据《保障农民工工资支付条例》第10条第2款。
4. ×，解析：根据《保障农民工工资支付条例》第12条规定：“用人单位应当按照与农民工书面约定或者依法制定的规章制度规定的工资支付周期和具体支付日期足额支付工资。”

5. √，解析：根据《保障农民工工资支付条例》第 13 条。
6. ×，解析：根据《保障农民工工资支付条例》第 15 条第 3 款规定：“用人单位向农民工支付工资时，应当提供农民工本人的工资清单。”
7. √，解析：根据《保障农民工工资支付条例》第 19 条。
8. ×，解析：根据《保障农民工工资支付条例》第 21 条规定：“用人单位合并或者分立时，应当在实施合并或者分立前依法清偿拖欠的农民工工资；经与农民工书面协商一致的，可以由合并或者分立后承继其权利和义务的用人单位清偿。”
9. √，解析：根据《保障农民工工资支付条例》第 26 条第 1 款。

**（二）单项选择题**

1. B，解析：根据《保障农民工工资支付条例》第 5 条规定：“保障农民工工资支付，应当坚持市场主体负责、政府依法监管、社会协同监督，按照源头治理、预防为主、防治结合、标本兼治的要求，依法根治拖欠农民工工资问题。”
2. C，解析：根据《保障农民工工资支付条例》第 7 条第 1 款规定：“人力资源社会保障行政部门负责保障农民工工资支付工作的组织协调、管理指导和农民工工资支付情况的监督检查，查处有关拖欠农民工工资案件。”
3. C，解析：根据《保障农民工工资支付条例》第 15 条第 1 款规定：“用人单位应当按照工资支付周期编制书面工资支付台账，并至少保存 3 年。”
4. B，解析：根据《保障农民工工资支付条例》第 16 条规定：“用人单位拖欠农民工工资的，应当依法予以清偿。”

**（三）多项选择题**

1. AD，解析：根据《保障农民工工资支付条例》第 6 条规定：“用人单位实行农民工劳动用工实名制管理，与招用的农民工书面约定或者通过依法制定的规章制度规定工资支付标准、支付时间、支付方式等内容。”
2. BCD，解析：根据《保障农民工工资支付条例》第 20 条规定：“合伙企业、个人独资企业、个体经济组织等用人单位拖欠农民工工资的，应当依法予以清偿；不清偿的，由出资人依法清偿。”
3. ABCD，解析：根据《保障农民工工资支付条例》第 22 条第 1 款规定：“用人单位被依法吊销营业执照或者登记证书、被责令关闭、被撤销或者依法解散的，应当在申请注销登记前依法清偿拖欠的农民工工资。”

**（四）填空题**

1. 工资支付；按时足额。（《保障农民工工资支付条例》第1条）
2. 拒不支付劳动报酬；拖欠。（《保障农民工工资支付条例》第7条第5款）
3. 依法投诉；劳动争议调解仲裁；诉讼。（《保障农民工工资支付条例》第10条第1款）
4. 货币；现金；实物。（《保障农民工工资支付条例》第11条）
5. 合法经营；劳务派遣许可证；追偿。（《保障农民工工资支付条例》第18条）

**（五）简答题**

1. 答：根据《保障农民工工资支付条例》第15条第2款规定：“书面工资支付台账应当包括用人单位名称，支付周期，支付日期，支付对象姓名、身份证号码、联系方式，工作时间，应发工资项目及数额，代扣、代缴、扣除项目和数额，实发工资数额，银行代发工资凭证或者农民工签字等内容。”
2. 答：根据《保障农民工工资支付条例》第34条规定：“施工总承包单位应当在施工现场醒目位置设立维权信息告示牌，明示下列事项：（一）建设单位、施工总承包单位及所在项目部、分包单位、相关行业工程建设主管部门、劳资专管员等基本信息；（二）当地最低工资标准、工资支付日期等基本信息；（三）相关行业工程建设主管部门和劳动保障监察投诉举报电话、劳动争议调解仲裁申请渠道、法律援助申请渠道、公共法律服务热线等信息。”

# 二十六、农作物病虫害防治条例

## （一）判断题

1. 为了防治农作物病虫害，保障国家粮食安全和农产品质量安全，保护生态环境，促进农业可持续发展，制定《农作物病虫害防治条例》。（　　）
2. 县人民政府应当协助上级人民政府有关部门做好本行政区域农作物病虫害防治宣传、动员、组织等工作。（　　）
3. 新建、改建、扩建建设工程应当避开农作物病虫害监测设施设备；确实无法避开、需要拆除农作物病虫害监测设施设备的，应当由县级以上人民政府农业农村主管部门按照有关技术要求组织迁建，迁建费用由县级人民政府农业农村主管部门承担。（　　）
4. 农作物病虫害监测设施设备毁损的，乡政府农业农村主管部门应当及时组织修复或者重新建设。（　　）
5. 任何单位和个人不得瞒报、谎报农作物病虫害监测信息，不得授意他人编造虚假信息，不得阻挠他人如实报告。（　　）
6. 从事农作物病虫害研究、饲养、繁殖、运输、展览等活动的，应当采取措施防止其逃逸、扩散。（　　）
7. 发现农作物病虫害严重发生或者暴发的，应当及时报告所在地市级人民政府农业农村主管部门。（　　）
8. 农田鼠害严重发生时，县级以上地方人民政府应当组织采取统一灭鼠措施。（　　）
9. 国务院农业农村主管部门商应急管理部门后应当建立农作物病虫害防治应急响应和处置机制，制定应急预案。（　　）
10. 专业化病虫害防治服务组织的田间作业人员应当能够正确识别服务区域的农作物病虫害，正确掌握农药适用范围、施用方法、安全间隔期等专业知识以及田间作业安全防护知识，正确使用施药机械以及农作物病虫害防治相关用品。专业化病虫害防治服务组织应当定期组织田间作业人

员参加技术培训。(　　)

11. 专业化病虫害防治服务组织应当遵守国家有关农药安全、合理使用制度，建立服务档案，服务档案应当保存3年以上。(　　)

## (二) 单项选择题

1. 农作物病虫害防治实行(　　)的方针，坚持政府主导、属地负责、分类管理、科技支撑、绿色防控。

A. 预防为主、重点防治　　B. 预防为主、综合防治

C. 防预为主、重点防治　　D. 防预为主、综合防治

2. 县级以上人民政府农业农村主管部门组织植物保护工作机构开展农作物病虫害防治有关(　　)工作。

A. 管理　　B. 预防

C. 防预　　D. 技术

3. 对在农作物病虫害防治工作中作出突出贡献的单位和个人，按照国家有关规定予以(　　)。

A. 奖励　　B. 鼓励

C. 表彰　　D. 表扬

4. 国家(　　)科研单位、有关院校、农民专业合作社、企业、行业协会等单位和个人研究、依法推广绿色防控技术。

A. 鼓励和支持　　B. 鼓励和倡导

C. 鼓励和引导　　D. 鼓励和帮助

5. 一类农作物病虫害严重发生时，(　　)农业农村主管部门应当对控制工作进行综合协调、指导。

A. 国务院　　B. 省级

C. 市级　　D. 县级

6. 国有荒地上发生的农作物病虫害由(　　)以上地方人民政府组织控制。

A. 国务院　　B. 省级

C. 市级　　D. 县级

7. 农作物病虫害应急处置期间，县级以上地方人民政府可以根据需要依法调集必需的物资、运输工具以及相关设施设备。应急处置结束后，应当

及时归还并对毁损、灭失的给予(　　)。

A. 赔偿　　B. 补偿

C. 弥补　　D. 抵偿

8. 县级以上人民政府农业农村主管部门应当加强对专业化病虫害防治服务组织的(　　)，并为专业化病虫害防治服务组织提供技术培训、指导、服务。

A. 支持和管理　　B. 扶持和管理

C. 监督和管理　　D. 规范和管理

9. 国家鼓励专业化病虫害防治服务组织为田间作业人员投保(　　)。

A. 养老保险　　B. 工伤保险

C. 人身意外伤害保险　　D. 医疗保险

10. 违反《农作物病虫害防治条例》规定，侵占、损毁、拆除、擅自移动农作物病虫害监测设施设备或者以其他方式妨害农作物病虫害监测设施设备正常运行的，由县级以上人民政府农业农村主管部门责令停止违法行为，限期恢复原状或者采取其他补救措施，可以处(　　)以下罚款；造成损失的，依法承担赔偿责任；构成犯罪的，依法追究刑事责任。

A. 1 万元　　B. 3 万元

C. 5 万元　　D. 10 万元

## (三) 多项选择题

1. 本条例所称农作物病虫害防治，是指对危害农作物及其产品的(　　)等有害生物的监测与预报、预防与控制、应急处置等防治活动及其监督管理。

A. 病　　B. 虫

C. 草　　D. 鼠

2. 国家鼓励和支持开展农作物病虫害防治科技创新、成果转化和依法推广应用，普及应用信息技术、生物技术，推进农作物病虫害防治的(　　)。

A. 智能化　　B. 专业化

C. 绿色化　　D. 科学化

3. 国家鼓励和支持使用(　　)等绿色防控技术和先进施药机械以及安全、

高效、经济的农药。

A. 生态治理　　B. 健康栽培

C. 化学防治　　D. 生物防治

4. 农作物病虫害预报包括农作物病虫害发生以及可能发生的(　　)以及预防控制措施等内容。

A. 种类　　B. 时间

C. 范围　　D. 程度

5. 县级以上人民政府农业农村主管部门应当指导农业生产经营者选用抗病、抗虫品种，采用包衣、拌种、消毒等种子处理措施，采取(　　)等健康栽培管理措施，预防农作物病虫害。

A. 合理轮作　　B. 深耕除草

C. 覆盖除草　　D. 土壤消毒

6. 专业化病虫害防治服务组织应当具备(　　)。

A. 设施设备　　B. 技术人员

C. 田间作业人员　　D. 规范的管理制度

## (四) 填空题

1. 县级以上人民政府应当加强对农作物病虫害防治工作的____领导，将防治工作经费纳入本级政府____。

2. 农村集体经济组织、____应当配合各级人民政府及有关部门做好农作物病虫害防治工作。

3. 任何单位和个人不得____、损毁、____、擅自移动农作物病虫害监测设施设备，或者以其他方式____农作物病虫害监测设施设备正常运行。

4. 县级以上人民政府农业农村主管部门应当在农作物病虫害孳生地、____组织开展作物改种、____、环境整治等生态治理工作，调整种植结构，防止农作物病虫害孳生和蔓延。

5. 农田除草时，应当防止除草剂危害____作物；农田灭鼠时，应当防止杀鼠剂危害____。

6. 县级以上地方人民政府及其有关部门应当根据本行政区域农作物病虫害应急处置需要，组织制定应急预案，开展应急业务____和____，储备必要的应急____。

7. 违反《农作物病虫害防治条例》规定，擅自向社会发布农作物病虫害____或者____信息的，由县级以上人民政府农业农村主管部门处____元以上5万元以下罚款；情节严重的，处5万元以上10万元以下罚款；造成损失的，依法承担赔偿责任；构成犯罪的，依法追究刑事责任。
8. 专业化病虫害防治服务组织未按规定建立或者保存____的，由县级以上人民政府农业农村主管部门责令改正；拒不改正或者情节严重的，处____元以上2万元以下罚款；造成损失的，依法承担____。

## （五）简答题

1. 简述农作物病虫害的分类。
2. 简述农作物病虫害监测包括的内容。
3. 简述农作物病虫害暴发时，县级以上地方人民政府应当立即采取的措施。

# 参考答案

### （一）判断题

1. √，解析：根据《农作物病虫害防治条例》第1条。
2. ×，解析：根据《农作物病虫害防治条例》第6条第3款规定："乡镇人民政府应当协助上级人民政府有关部门做好本行政区域农作物病虫害防治宣传、动员、组织等工作。"
3. ×，解析：根据《农作物病虫害防治条例》第13条的2款规定："新建、改建、扩建建设工程应当避开农作物病虫害监测设施设备；确实无法避开、需要拆除农作物病虫害监测设施设备的，应当由县级以上人民政府农业农村主管部门按照有关技术要求组织迁建，迁建费用由建设单位承担。"
4. ×，解析：根据《农作物病虫害防治条例》第13条的3款规定："农作物病虫害监测设施设备毁损的，县级以上人民政府农业农村主管部门应当及时组织修复或者重新建设。"
5. √，解析：根据《农作物病虫害防治条例》第15条第2款。
6. √，解析：根据《农作物病虫害防治条例》第22条。
7. ×，解析：根据《农作物病虫害防治条例》第23条规定："农作物病虫害发生时，农业生产经营者等有关单位和个人应当及时采取防止农作物病虫害扩散的控制措施。发现农作物病虫害严重发生或者暴发的，应当及时报告所在地县级人民政府农业农村主管部门。”

8. √，解析：根据《农作物病虫害防治条例》第 26 条。

9. ×，解析：根据《农作物病虫害防治条例》第 29 条第 1 款规定：“国务院农业农村主管部门应当建立农作物病虫害防治应急响应和处置机制，制定应急预案。”

10. √，解析：根据《农作物病虫害防治条例》第 35 条。

11. ×，解析：根据《农作物病虫害防治条例》第 36 条规定：“专业化病虫害防治服务组织应当遵守国家有关农药安全、合理使用制度，建立服务档案，如实记录服务的时间、地点、内容以及使用农药的名称、用量、生产企业、农药包装废弃物处置方式等信息。服务档案应当保存 2 年以上。”

（二）单项选择题

1. B，解析：根据《农作物病虫害防治条例》第 3 条规定：“农作物病虫害防治实行预防为主、综合防治的方针，坚持政府主导、属地负责、分类管理、科技支撑、绿色防控。”

2. D，解析：根据《农作物病虫害防治条例》第 7 条规定：“县级以上人民政府农业农村主管部门组织植物保护工作机构开展农作物病虫害防治有关技术工作。”

3. C，解析：根据《农作物病虫害防治条例》第 11 条规定：“对在农作物病虫害防治工作中作出突出贡献的单位和个人，按照国家有关规定予以表彰。”

4. A，解析：根据《农作物病虫害防治条例》第 19 条第 2 款规定：“国家鼓励和支持科研单位、有关院校、农民专业合作社、企业、行业协会等单位和个人研究、依法推广绿色防控技术。”

5. A，解析：根据《农作物病虫害防治条例》第 25 条第 2 款规定：“一类农作物病虫害严重发生时，国务院农业农村主管部门应当对控制工作进行综合协调、指导。二类、三类农作物病虫害严重发生时，省、自治区、直辖市人民政府农业农村主管部门应当对控制工作进行综合协调、指导。”

6. D，解析：根据《农作物病虫害防治条例》第 25 条第 3 款规定：“国有荒地上发生的农作物病虫害由县级以上地方人民政府组织控制。”

7. B，解析：根据《农作物病虫害防治条例》第 32 条规定：“农作物病虫害应急处置期间，县级以上地方人民政府可以根据需要依法调集必需的物资、运输工具以及相关设施设备。应急处置结束后，应当及时归还并对毁损、灭失的给予补偿。”

8. D，解析：根据《农作物病虫害防治条例》第 33 条第 2 款规定：“县级以上人民政府农业农村主管部门应当加强对专业化病虫害防治服务组织的规范和管理，并为专业化病虫害防治服务组织提供技术培训、指导、服务。”
9. C，解析：根据《农作物病虫害防治条例》第 37 条第 1 款规定：“专业化病虫害防治服务组织应当按照国家有关规定为田间作业人员参加工伤保险缴纳工伤保险费。国家鼓励专业化病虫害防治服务组织为田间作业人员投保人身意外伤害保险。”
10. C，解析：根据《农作物病虫害防治条例》第 40 条规定：“违反本条例规定，侵占、损毁、拆除、擅自移动农作物病虫害监测设施设备或者以其他方式妨害农作物病虫害监测设施设备正常运行的，由县级以上人民政府农业农村主管部门责令停止违法行为，限期恢复原状或者采取其他补救措施，可以处 5 万元以下罚款；造成损失的，依法承担赔偿责任；构成犯罪的，依法追究刑事责任。”

**（三）多项选择题**

1. ABCD，解析：根据《农作物病虫害防治条例》第 2 条规定：“本条例所称农作物病虫害防治，是指对危害农作物及其产品的病、虫、草、鼠等有害生物的监测与预报、预防与控制、应急处置等防治活动及其监督管理。”
2. ABC，解析：根据《农作物病虫害防治条例》第 9 条第 1 款规定：“国家鼓励和支持开展农作物病虫害防治科技创新、成果转化和依法推广应用，普及应用信息技术、生物技术，推进农作物病虫害防治的智能化、专业化、绿色化。”
3. ABD，解析：根据《农作物病虫害防治条例》第 10 条规定：“国家鼓励和支持使用生态治理、健康栽培、生物防治、物理防治等绿色防控技术和先进施药机械以及安全、高效、经济的农药。”
4. ABCD，解析：根据《农作物病虫害防治条例》第 16 条第 2 款规定：“农作物病虫害预报包括农作物病虫害发生以及可能发生的种类、时间、范围、程度以及预防控制措施等内容。”
5. ABCD，解析：根据《农作物病虫害防治条例》第 21 条规定：“县级以上人民政府农业农村主管部门应当指导农业生产经营者选用抗病、抗虫品种，采用包衣、拌种、消毒等种子处理措施，采取合理轮作、深耕除草、覆盖除草、土壤消毒、清除农作物病残体等健康栽培管理措施，预防农作物病虫害。”

6. ABCD，解析：根据《农作物病虫害防治条例》第 34 条第 1 款规定：“专业化病虫害防治服务组织应当具备相应的设施设备、技术人员、田间作业人员以及规范的管理制度。”

**（四）填空题**

1. 组织；预算。（《农作物病虫害防治条例》第 5 条）
2. 村民委员会。（《农作物病虫害防治条例》第 8 条第 2 款）
3. 侵占；拆除；妨害。（《农作物病虫害防治条例》第 13 条第 1 款）
4. 源头区；植被改造。（《农作物病虫害防治条例》第 20 条）
5. 当季和后茬；人畜安全。（《农作物病虫害防治条例》第 24 条第 2 款）
6. 培训；演练；物资。（《农作物病虫害防治条例》第 29 条第 2 款）
7. 预报；灾情；5000。（《农作物病虫害防治条例》第 41 条）
8. 服务档案；2000；赔偿责任。（《农作物病虫害防治条例》第 42 条）

**（五）简答题**

1. 答：根据《农作物病虫害防治条例》第 4 条规定：”根据农作物病虫害的特点及其对农业生产的危害程度，将农作物病虫害分为下列三类：（一）一类农作物病虫害，是指常年发生面积特别大或者可能给农业生产造成特别重大损失的农作物病虫害，其名录由国务院农业农村主管部门制定、公布；（二）二类农作物病虫害，是指常年发生面积大或者可能给农业生产造成重大损失的农作物病虫害，其名录由省、自治区、直辖市人民政府农业农村主管部门制定、公布，并报国务院农业农村主管部门备案；（三）三类农作物病虫害，是指一类农作物病虫害和二类农作物病虫害以外的其他农作物病虫害。新发现的农作物病虫害可能给农业生产造成重大或者特别重大损失的，在确定其分类前，按照一类农作物病虫害管理。”
2. 答：根据《农作物病虫害防治条例》第 14 条规定：“县级以上人民政府农业农村主管部门应当组织开展农作物病虫害监测。农作物病虫害监测包括下列内容：（一）农作物病虫害发生的种类、时间、范围、程度；（二）害虫主要天敌种类、分布与种群消长情况；（三）影响农作物病虫害发生的田间气候；（四）其他需要监测的内容。”

3. 答：根据《农作物病虫害防治条例》第 30 条规定：“农作物病虫害暴发时，县级以上地方人民政府应当立即启动应急响应，采取下列措施：（一）划定应急处置的范围和面积；（二）组织和调集应急处置队伍；（三）启用应急备用药剂、机械等物资；（四）组织应急处置行动。”

# 二十七、乡镇煤矿管理条例

## （一）判断题

1.《乡镇煤矿管理条例》所称乡镇煤矿，是指在乡（镇）、村开办的集体煤矿企业、私营煤矿企业以及除国有煤矿企业和外商投资煤矿企业以外的其他煤矿企业。（　　）

2. 煤炭资源属于国家所有。地表或者地下的煤炭资源的国家所有权，因其所依附的土地的所有权或者使用权的不同而改变。（　　）

3. 国家扶持、指导和帮助乡镇煤矿的发展。县级以上地方人民政府应当加强对乡镇煤矿的管理，依法维护乡镇煤矿的生产秩序，保护乡镇煤矿的合法权益；对发展乡镇煤矿作出显著成绩的单位和个人给予奖励。（　　）

4. 国务院煤炭工业主管部门和市级以上地方人民政府负责管理煤炭工业的部门是乡镇煤矿的行业管理部门（以下统称煤炭工业主管部门）。煤炭工业行业管理的任务是统筹规划、组织协调、提供服务、监督检查。（　　）

5. 乡镇煤矿在国有煤矿企业矿区范围内开采边缘零星资源，必须征得该国有煤矿企业同意，并经其上级主管部门批准。乡镇煤矿开采前款规定的煤炭资源，必须与国有煤矿企业签订合理开发利用煤炭资源和维护矿山安全的协议，不得浪费、破坏煤炭资源，影响国有煤矿企业的生产安全。（　　）

## （二）单项选择题

1. 按照《乡镇管理条例》的相关规定，下列说法错误的是：（　　）

A. 国家重点建设工程需要占用乡镇煤矿的生产井田时，占用单位应当按照国家有关规定给予合理补偿；对违法开办的乡镇煤矿，也应当给予一定的补偿

B. 乡镇煤矿在国有煤矿企业矿区范围内开采边缘零星资源，必须征得该国有煤矿企业同意，并经其上级主管部门批准

C. 乡镇煤矿开采前款规定的煤炭资源，必须与国有煤矿企业签订合理开发利用煤炭资源和维护矿山安全的协议，不得浪费、破坏煤炭资源，影响国有煤矿企业的生产安全

D. 国务院煤炭工业主管部门和省、自治区、直辖市人民政府根据全国矿产资源规划编制行业开发规划和地区开发规划时，应当合理划定乡镇煤矿开采的煤炭资源范围

2. 申请开办乡镇煤矿，由资源所在地的(　　)负责管理煤炭工业的部门审查申请人的办矿条件。

A. 市级人民政府　　B. 省级人民政府

C. 县级人民政府　　D. 区级人民政府

3. 申请开办乡镇煤矿，其矿区范围跨(　　)个县级以上行政区域的，由其共同的上一级人民政府负责管理煤炭工业的部门审查申请人的办矿条件。

A. 5　　B. 4

C. 3　　D. 2

4. 乡镇煤矿发生伤亡事故，应当按照有关法律、行政法规的规定，及时如实地(　　)、煤炭工业主管部门及其他有关主管部门报告，并立即采取有效措施，做好救护工作。

A. 本级人民政府　　B. 上一级人民政府

C. 本级人民代表大会　　D. 上一级人民代表大会

5. 按照《乡镇煤矿管理条例》下列说法错误的是：(　　)

A. 国务院煤炭工业主管部门和县级以上地方人民政府负责管理煤炭工业的部门，应当有计划地对乡镇煤矿的职工进行安全教育和技术培训

B. 县级以上人民政府负责管理煤炭工业的部门对矿长考核合格后，应当颁发矿长资格证书

C. 县级以上人民政府负责管理煤炭工业的部门对瓦斯检验工、采煤机司机等特种作业人员按照国家有关规定考核合格后，应当颁发操作资格证书

D. 反本条例规定，由原审查办矿条件的煤炭工业主管部门，根据情节轻重，给予警告、3 万元以下的罚款、没收违法所得或者责令停产整顿

## （三）多项选择题

1. 按照《乡镇煤矿管理条例》的有关规定，未经国务院煤炭工业主管部门批准，乡镇煤矿不得开采的煤炭资源包括：（　　）

A. 国家规划煤炭矿区

B. 对国民经济具有重要价值的煤炭矿区

C. 重要河流、堤坝和大型水利工程设施下的保安煤柱

D. 不能移动的国家重点保护的历史文物、名胜古迹和国家划定的自然保护区、重要风景区下的保安煤柱

2. 开办乡镇煤矿，必须具备哪些条件：（　　）

A. 符合国家煤炭工业发展规划

B. 符合本区域的生态环境要求

C. 有经依法批准可供开采的、无争议的煤炭资源

D. 有符合国家规定的安全生产措施和环境保护措施

3. 按照《乡镇煤矿管理条例》，下列说法正确的是：（　　）

A. 乡镇煤矿应当按照矿井当年的实际产量提取维简费。维简费的提取标准和使用范围可以按照本煤矿的实际情况自行制定

B. 乡镇煤矿开采煤炭资源，应当采用合理的开采顺序和科学的采矿方法，提高资源回采率和综合利用率，防止资源的浪费

C. 乡镇煤矿建成投产前，应当按照国务院关于安全生产许可证管理的规定，申请领取安全生产许可证。未取得安全生产许可证的乡镇煤矿，不得进行煤炭生产

D. 申请开办乡镇煤矿，由资源所在地的县级人民政府负责管理煤炭工业的部门审查申请人的办矿条件

4. （　　）应当加强对煤矿安全生产工作的领导，落实安全生产责任制，采取各种有效措施，防止生产事故的发生。

A. 乡镇煤矿的矿长

B. 办矿单位的主要负责人

C. 县级以上人民政府

D. 国务院办公厅

## （四）填空题

1. ____劳动行政主管部门负责对乡镇煤矿安全工作的监督，并有权对取得矿长资格证书的矿长进行抽查。
2. 乡镇煤矿在国有煤矿企业矿区范围内开采边缘零星资源，必须征得该____同意，并经其____批准。

## （五）简答题

简述未经国务院煤炭工业主管部门批准，乡镇煤矿不得开采的煤炭资源。

# 参考答案

### （一）判断题

1. √，解析：根据《乡镇煤矿管理条例》第 2 条。
2. ×，解析：根据《乡镇煤矿管理条例》第 3 条第 1 款规定："煤炭资源属于国家所有。地表或者地下的煤炭资源的国家所有权，不因其所依附的土地的所有权或者使用权的不同而改变。"
3. √，解析：根据《乡镇煤矿管理条例》第 5 条。
4. ×，解析：根据《乡镇煤矿管理条例》第 7 条规定："国务院煤炭工业主管部门和县级以上地方人民政府负责管理煤炭工业的部门是乡镇煤矿的行业管理部门（以下统称煤炭工业主管部门）。煤炭工业行业管理的任务是统筹规划、组织协调、提供服务、监督检查。"
5. √，解析：根据《乡镇管理条例》第 10 条规定："乡镇煤矿在国有煤矿企业矿区范围内开采边缘零星资源，必须征得该国有煤矿企业同意，并经其上级主管部门批准。乡镇煤矿开采前款规定的煤炭资源，必须与国有煤矿企业签订合理开发利用煤炭资源和维护矿山安全的协议，不得浪费、破坏煤炭资源，影响国有煤矿企业的生产安全。"

### （二）单项选择题

1. A，解析：根据《乡镇煤矿管理条例》第 11 条规定："国家重点建设工程需要占用乡镇煤矿的生产井田时，占用单位应当按照国家有关规定给予合理补偿；但是，对违法开办的乡镇煤矿，不予补偿。”第10条规定：“乡镇煤矿在国有煤矿企业矿区范围内开采边缘零星资源，必须征得该国有煤矿企业同意，并经其上级主管部门批准。乡镇煤矿开采前款规定的煤炭资源，必须与国有煤矿企业签订合理开发利用煤炭资源和维护矿山安全的协议，不得浪费、破坏煤炭资源，影响国有煤矿企业的生产安全。”第8条规定：“国务院煤炭工业主管部门和省、自治区、直辖市人民政府根据全国矿产资源规划编制行业开发规划和地区开发规划时，应当合理划定乡镇煤矿开采的煤炭资源范围。”

2. C，解析：根据《乡镇煤矿管理条例》第13条第1款规定：“申请开办乡镇煤矿，由资源所在地的县级人民政府负责管理煤炭工业的部门审查申请人的办矿条件。”
3. D，解析：根据《乡镇煤矿管理条例》第13条第2款规定：“申请开办乡镇煤矿，其矿区范围跨2个县级以上行政区域的，由其共同的上一级人民政府负责管理煤炭工业的部门审查申请人的办矿条件。”
4. B，解析：根据《乡镇煤矿管理条例》第20条规定：“乡镇煤矿发生伤亡事故，应当按照有关法律、行政法规的规定，及时如实地向上一级人民政府、煤炭工业主管部门及其他有关主管部门报告，并立即采取有效措施，做好救护工作。”
5. D，解析：根据《乡镇煤矿管理条例》第19条规定：“国务院煤炭工业主管部门和县级以上地方人民政府负责管理煤炭工业的部门，应当有计划地对乡镇煤矿的职工进行安全教育和技术培训。县级以上人民政府负责管理煤炭工业的部门对矿长考核合格后，应当颁发矿长资格证书。县级以上人民政府负责管理煤炭工业的部门对瓦斯检验工、采煤机司机等特种作业人员按照国家有关规定考核合格后，应当颁发操作资格证书。”第26条规定：“违反本条例规定，有下列情形之一的，由原审查办矿条件的煤炭工业主管部门，根据情节轻重，给予警告、5万元以下的罚款、没收违法所得或者责令停产整顿：（一）未经煤炭工业主管部门审查同意，擅自开办乡镇煤矿的；（二）未按照规定向煤炭工业主管部门报送有关图纸资料的。”

**（三）多项选择题**

1. ABCD，解析：根据《乡镇煤矿管理条例》第9条规定：“未经国务院煤炭工业主管部门批准，乡镇煤矿不得开采下列煤炭资源：（一）国家规划煤炭矿区；（二）对国民经济具有重要价值的煤炭矿区；（三）国家规定实行保护性开采的稀缺煤种；（四）重要河流、堤坝和大型水利工程设施下的保安煤柱；（五）铁路、重要公路和桥梁下的保安煤柱；（六）重要工业区、重要工程设施、机场、国防工程设施下的保安煤柱；（七）不能移动的国家重点保护的历史文物、名胜古迹和国家划定的自然保护区、重要风景区下的保安煤柱；（八）正在建设或者正在开采的矿井的保安煤柱。”

2. ACD，解析：根据《乡镇煤矿管理条例》第 12 条规定：“开办乡镇煤矿，必须具备下列条件：（一）符合国家煤炭工业发展规划；（二）有经依法批准可供开采的、无争议的煤炭资源；（三）有与所建矿井生产规模相适应的资金、技术装备和技术人才；（四）有经过批准的采矿设计或者开采方案；（五）有符合国家规定的安全生产措施和环境保护措施；（六）办矿负责人经过技术培训，并持有矿长资格证书；（七）法律、法规规定的其他条件。”
3. BCD，解析：根据《乡镇煤矿管理条例》第 16 条规定：“乡镇煤矿应当按照矿井当年的实际产量提取维简费。维简费的提取标准和使用范围按照国家有关规定执行。”第 15 条规定：“乡镇煤矿开采煤炭资源，应当采用合理的开采顺序和科学的采矿方法，提高资源回采率和综合利用率，防止资源的浪费。”第 14 条规定：“乡镇煤矿建成投产前，应当按照国务院关于安全生产许可证管理的规定，申请领取安全生产许可证。未取得安全生产许可证的乡镇煤矿，不得进行煤炭生产。”第 13 条第 1 款规定：“申请开办乡镇煤矿，由资源所在地的县级人民政府负责管理煤炭工业的部门审查申请人的办矿条件。”
4. AB，解析：根据《乡镇煤矿管理条例》第 18 条第 2 款规定：“乡镇煤矿的矿长和办矿单位的主要负责人，应当加强对煤矿安全生产工作的领导，落实安全生产责任制，采取各种有效措施，防止生产事故的发生。”

**（四）填空题**

1. 县级以上人民政府。（《乡镇煤矿管理条例》第 24 条）
2. 国有煤矿企业；上级主管部门。（《乡镇煤矿管理条例》第 10 条第 1 款）

**（五）简答题**

答：根据《乡镇煤矿管理条例》第 9 条规定：“未经国务院煤炭工业主管部门批准，乡镇煤矿不得开采下列煤炭资源：（一）国家规划煤炭矿区；（二）对国民经济具有重要价值的煤炭矿区；（三）国家规定实行保护性开采的稀缺煤种；（四）重要河流、堤坝和大型水利工程设施下的保安煤柱；（五）铁路、重要公路和桥梁下的保安煤柱；（六）重要工业区、重要工程设施、机场、国防工程设施下的保安煤柱；（七）不能移动的国家重点保护的历史文物、名胜古迹和国家划定的自然保护区、重要风景区下的保安煤柱；（八）正在建设或者正在开采的矿井的保安煤柱。”

# 二十八、农药管理条例

## （一）判断题

1. 市级以上地方人民政府农业主管部门负责本行政区域的农药监督管理工作。（　　）
2. 只有农药生产企业应当加强行业自律，规范生产、经营行为。（　　）
3. 国家鼓励和支持研制、生产、出售安全、高效、经济的农药，推进农药专业化使用，促进农药产业升级。（　　）
4. 申请农药登记的，可以不用进行登记试验。（　　）
5. 新农药的登记试验应当向人民政府农业主管部门提出申请。（　　）
6. 新农药研制者可以转让其已取得登记的新农药的登记资料；农药生产企业可以向具有相应生产能力的农药生产企业转让其已取得登记的农药的登记资料。（　　）
7. 国家对每次登记的、含有新化合物的农药的申请人提交的其自己所取得且未披露的试验数据和其他数据实施保护。（　　）
8. 委托加工、分装农药的，委托人应当取得相应的农药生产许可证，受托人应当取得农药登记证。（　　）

## （二）单项选择题

1. 县级以上（　　）其他有关部门在各自职责范围内负责有关的农药监督管理工作。

   A. 监察委员会　　　　B. 人民政府

   C. 检察院　　　　D. 法院

2. （　　）所属的负责农药检定工作的机构负责农药登记具体工作。

   A. 国务院农村主管部门

   B. 国务院司法部门

   C. 国务院环境部门

D. 国务院农业主管部门

3. (　　)由国务院农业主管部门制定。

A. 农药登记评审规则

B. 农药登记规则

C. 农药登记检查评审规则

D. 农药评审规则

4. 登记试验单位应当对登记试验报告的(　　)负责。

A. 可靠性　　B. 完整性

C. 真实性　　D. 有效性

5. 省、自治区、直辖市人民政府农业主管部门应当自受理申请之日起(　　)个工作日内提出初审意见，并报送国务院农业主管部门。

A. 10　　B. 20

C. 30　　D. 40

6. 国务院农业主管部门受理申请或者收到省、自治区、直辖市人民政府农业主管部门报送的申请资料后，应当组织审查和登记评审，并自收到评审意见之日起(　　)内作出审批决定，符合条件的，核发农药登记证；不符合条件的，书面通知申请人并说明理由。

A. 20 日　　B. 20 个工作日

C. 30 日　　D. 30 个工作日

7. 农药登记证有效期为(　　)年。有效期届满，需要继续生产农药或者向中国出口农药的，农药登记证持有人应当在有效期届满 90 日前向国务院农业主管部门申请延续。

A. 2　　B. 3

C. 5　　D. 7

## (三) 多项选择题

1. 本条例所称农药，是指用于(　　)危害农业、林业的病、虫、草、鼠和其他有害生物以及有目的地调节植物、昆虫生长的化学合成或者来源于生物、其他天然物质的一种物质或者几种物质的混合物及其制剂。

A. 治理　　B. 杀害

C. 预防　　D. 控制

2. 农药生产企业、农药经营者应当对其生产、经营的农药的(　　)负责，自觉接受政府监管和社会监督。

A. 安全性　　B. 稳定性

C. 有效性　　D. 绿色性

3. 国家鼓励和支持(　　)安全、高效、经济的农药，推进农药专业化使用，促进农药产业升级。

A. 研制　　B. 生产

C. 出售　　D. 使用

4. 对在农药(　　)等工作中作出突出贡献的单位和个人，按照国家有关规定予以表彰或者奖励。

A. 生产　　B. 研制

C. 推广　　D. 监督管理

5. 与已取得中国农药登记的农药(　　)相同的农药，免予残留、环境试验，但已取得中国农药登记的农药依照《农药管理条例》第 15 条的规定在登记资料保护期内的，应当经农药登记证持有人授权同意。

A. 组成成分　　B. 使用范围

C. 使用方法　　D. 性质用途

6. 登记试验结束后，申请人应当向所在地省、自治区、直辖市人民政府农业主管部门提出农药登记申请，并提交(　　)及其检验方法等申请资料；申请新农药登记的，还应当提供农药标准品。

A. 登记试验报告　　B. 试验证明报告

C. 标签样张　　D. 农药产品质量标准

7. 农药登记证应当载明农药名称、剂型、有效成分及其(　　)、使用范围、使用方法和剂量、登记证持有人、登记证号以及有效期等事项。

A. 含量　　B. 毒性

C. 性质　　D. 用途

## （四）填空题

1. 为了加强农药管理，保证____，保障农产品质量安全和人畜安全，保护农业、林业生产和生态环境，制定本条例。
2. ____负责全国的农药监督管理工作。
3. 县级以上地方人民政府应当加强对农药监督管理工作的组织领导，将____列入本级政府预算，保障农药监督管理工作的开展。
4. 国家实行____制度。农药生产企业、向中国出口农药的企业应当依照本条例的规定申请农药登记，新农药研制者可以依照本条例的规定申请农药登记。
5. 国务院农业主管部门组织成立____，负责农药登记评审。
6. 农药的登记试验应当报所在地省、自治区、直辖市____备案。
7. 登记试验应当由国务院农业主管部门认定的____按照国务院农业主管部门的规定进行。
8. 向中国出口农药的企业申请农药登记的，应当持本条第一款规定的资料、农药标准品以及在有关国家（地区）登记、使用的证明材料，向____提出申请。
9. 农药登记证载明事项发生变化的，农药登记证持有人应当按照国务院农业主管部门的规定申请____。

# 参考答案

### （一）判断题

1. ×，解析：根据《农药管理条例》第 3 条第 2 款规定：“县级以上地方人民政府农业主管部门负责本行政区域的农药监督管理工作。”
2. ×，解析：根据《农药管理条例》第 5 条第 2 款规定：“农药生产企业、农药经营者应当加强行业自律，规范生产、经营行为。”
3. ×，解析：根据《农药管理条例》第 6 条第 1 款规定：“国家鼓励和支持研制、生产、使用安全、高效、经济的农药，推进农药专业化使用，促进农药产业升级。”

4. ×，解析：根据《农药管理条例》第 9 条第 1 款规定："申请农药登记的，应当进行登记试验。"
5. ×，解析：根据《农药管理条例》第 9 条第 3 款规定："新农药的登记试验应当向国务院农业主管部门提出申请。国务院农业主管部门应当自受理申请之日起 40 个工作日内对试验的安全风险及其防范措施进行审查，符合条件的，准予登记试验；不符合条件的，书面通知申请人并说明理由。"
6. √，解析：根据《农药管理条例》第 14 条。
7. ×，解析：根据《农药管理条例》第 15 条第 1 款规定："国家对取得首次登记的、含有新化合物的农药的申请人提交的其自己所取得且未披露的试验数据和其他数据实施保护。"
8. ×，解析：根据《农药管理条例》第 19 条第 1 款规定："委托加工、分装农药的，委托人应当取得相应的农药登记证，受托人应当取得农药生产许可证。"

**（二）单项选择题**

1. B，解析：根据《农药管理条例》第 3 条第 3 款规定："县级以上人民政府其他有关部门在各自职责范围内负责有关的农药监督管理工作。"
2. D，解析：根据《农药管理条例》第 7 条第 2 款规定："国务院农业主管部门所属的负责农药检定工作的机构负责农药登记具体工作。省、自治区、直辖市人民政府农业主管部门所属的负责农药检定工作的机构协助做好本行政区域的农药登记具体工作。"
3. A，解析：根据《农药管理条例》第 8 条第 3 款规定："农药登记评审规则由国务院农业主管部门制定。"
4. C，解析：根据《农药管理条例》第 10 条第 3 款规定："登记试验单位应当对登记试验报告的真实性负责。"
5. B，解析：根据《农药管理条例》第 11 条第 2 款规定："省、自治区、直辖市人民政府农业主管部门应当自受理申请之日起 20 个工作日内提出初审意见，并报送国务院农业主管部门。"
6. B，解析：根据《农药管理条例》第 12 条规定："国务院农业主管部门受理申请或者收到省、自治区、直辖市人民政府农业主管部门报送的申请资料后，应当组织审查和登记评审，并自收到评审意见之日起 20 个工作日内作出审批决定，符合条件的，核发农药登记证；不符合条件的，书面通知申请人并说明理由。"

7. C，解析：根据《农药管理条例》第13条第2款规定：“农药登记证有效期为5年。有效期届满，需要继续生产农药或者向中国出口农药的，农药登记证持有人应当在有效期届满90日前向国务院农业主管部门申请延续。”

**（三）多项选择题**

1. CD，解析：根据《农药管理条例》第2条第1款规定：“本条例所称农药，是指用于预防、控制危害农业、林业的病、虫、草、鼠和其他有害生物以及有目的地调节植物、昆虫生长的化学合成或者来源于生物、其他天然物质的一种物质或者几种物质的混合物及其制剂。”
2. AC，解析：根据《农药管理条例》第5条第1款规定：“农药生产企业、农药经营者应当对其生产、经营的农药的安全性、有效性负责，自觉接受政府监管和社会监督。”
3. ABD，解析：根据《农药管理条例》第6条第1款规定：“国家鼓励和支持研制、生产、使用安全、高效、经济的农药，推进农药专业化使用，促进农药产业升级。”
4. BCD，解析：根据《农药管理条例》第6条第2款规定：“对在农药研制、推广和监督管理等工作中作出突出贡献的单位和个人，按照国家有关规定予以表彰或者奖励。”
5. ABC，解析：根据《农药管理条例》第10条第2款规定：“与已取得中国农药登记的农药组成成分、使用范围和使用方法相同的农药，免予残留、环境试验，但已取得中国农药登记的农药依照本条例第十五条的规定在登记资料保护期内的，应当经农药登记证持有人授权同意。”
6. ACD，解析：根据《农药管理条例》第11条第1款规定：“登记试验结束后，申请人应当向所在地省、自治区、直辖市人民政府农业主管部门提出农药登记申请，并提交登记试验报告、标签样张和农药产品质量标准及其检验方法等申请资料；申请新农药登记的，还应当提供农药标准品。”
7. AB，解析：根据《农药管理条例》第13条第1款规定：“农药登记证应当载明农药名称、剂型、有效成分及其含量、毒性、使用范围、使用方法和剂量、登记证持有人、登记证号以及有效期等事项。”

**（四）填空题**

1. 农药质量。（《农药管理条例》第1条）
2. 国务院农业主管部门。（《农药管理条例》第3条第1款）

3. 农药监督管理经费。(《农药管理条例》第 4 条)
4. 农药登记。(《农药管理条例》第 7 条第 1 款)
5. 农药登记评审委员会。(《农药管理条例》第 8 条第 1 款)
6. 人民政府农业主管部门。(《农药管理条例》第 9 条第 2 款)
7. 登记试验单位。(《农药管理条例》第 10 条第 1 款)
8. 国务院农业主管部门。(《农药管理条例》第 11 条第 3 款)
9. 变更农药登记证。(《农药管理条例》第 13 条第 3 款)

# 二十九、兽药管理条例

## （一）判断题

1. 研制的新兽药属于生物制品的，应当在临床试验前向国务院兽医行政管理部门提出申请，国务院兽医行政管理部门应当自收到申请之日起70个工作日内将审查结果书面通知申请人。（　　）
2. 自注册之日起7年内，对其他申请人未经已获得注册兽药的申请人同意，使用前款规定的数据申请兽药注册的，兽药注册机关不予注册；但是，其他申请人提交其自己所取得的数据的除外。（　　）
3. 兽药生产许可证有效期为5年。有效期届满，需要继续生产兽药的，应当在许可证有效期届满前6个月到发证机关申请换发兽药生产许可证。（　　）
4. 兽药残留限量标准和残留检测方法，由国务院兽医行政管理部门制定发布。（　　）
5. 当事人对兽药检验结果有异议的，可以自收到检验结果之日起6个工作日内向实施检验的机构或者上级兽医行政管理部门设立的检验机构申请复检（　　）
6. 兽医行政管理部门依法进行监督检查时，对有证据证明可能是假、劣兽药的，应当采取查封、扣押的行政强制措施，并自采取行政强制措施之日起7个工作日内作出是否立案的决定；需要检验的，应当自检验报告书发出之日起19个工作日内作出是否立案的决定；不符合立案条件的，应当解除行政强制措施；需要暂停生产的，由国务院兽医行政管理部门或者省、自治区、直辖市人民政府兽医行政管理部门按照权限作出决定；需要暂停经营、使用的，由县级以上人民政府兽医行政管理部门按照权限作出决定。（　　）
7. 兽药生产企业、经营企业、兽药使用单位和开具处方的兽医人员发现可能与兽药使用有关的严重不良反应，应当立即向所在地人民政府兽医行

政管理部门报告。(　　)

8. 国务院兽医行政管理部门应当自收到申请之日起10个工作日内，将决定受理的新兽药资料送其设立的兽药评审机构进行评审，将新兽药样品送其指定的检验机构复核检验，并自收到评审和复核检验结论之日起60个工作日内完成审查。审查合格的，发给新兽药注册证书，并发布该兽药的质量标准；不合格的，应当书面通知申请人。(　　)

## (二) 单项选择题

1. 关于《兽药管理条例》，下列说法中错误的是：(　　)
   A. 禁止在饲料和动物饮用水中添加激素类药品和国务院兽医行政管理部门规定的其他禁用药品
   B. 经批准可以在饲料中添加的兽药，应当由兽药生产企业制成药物饲料添加剂后方可添加。禁止将原料药直接添加到饲料及动物饮用水中或者直接饲喂动物
   C. 有休药期规定的兽药用于食用动物时，饲养者应当向购买者或者屠宰者提供准确、真实的用药记录；购买者或者屠宰者应当确保动物及其产品在用药期、休药期内不被用于食品消费
   D. 人用药品可以用于动物
2. 动物产品的生产者、销售者对检测结果有异议的，可以自收到检测结果之日起(　　)工作日内向组织实施兽药残留检测的兽医行政管理部门或者其上级兽医行政管理部门提出申请，由受理申请的兽医行政管理部门指定检验机构进行复检。
   A. 7个　　B. 6个
   C. 5个　　D. 4个
3. 兽药残留限量标准和残留检测方法，由(　　)制定发布。
   A. 人民法院
   B. 全国人民代表大会
   C. 国务院兽医行政管理部门
   D. 人民检察院
4. 兽药生产企业生产兽药，应当取得国务院兽医行政管理部门核发的产品

批准文号，产品批准文号的有效期为(　　)。兽药产品批准文号的核发办法由国务院兽医行政管理部门制定。

A. 5 年　　B. 4 年

C. 3 年　　D. 2 年

5. 兽药生产企业应当按照兽药国家标准和国务院兽医行政管理部门批准的生产工艺进行生产。兽药生产企业改变影响兽药质量的生产工艺的，应当报(　　)审核批准。

A. 人民法院　　B. 人民检察院

C. 原批准部门　　D. 公安局

## (三) 多项选择题

1. 禁止(　　)兽药生产许可证、兽药经营许可证和兽药批准证明文件。

A. 买卖　　B. 出租

C. 出借　　D. 申请

2. 兽药经营企业，应当建立兽药保管制度，采取必要的(　　)、防鼠等措施，保持所经营兽药的质量。

A. 冷藏　　B. 防冻

C. 防潮　　D. 防虫

3. 关于《兽药管理条例》，下列说法中错误的是：(　　)

A. 兽药广告的内容应当与兽药说明书内容相一致，在全国重点媒体发布兽药广告的，应当经国务院兽医行政管理部门审查批准，取得兽药广告审查批准文号

B. 强制免疫所需兽用生物制品的经营，应当符合国务院兽医行政管理部门的规定

C. 兽药入库、出库，应当执行检查验收制度，不必准确记录

D. 兽药经营企业经营人可以用药品和假、劣兽药

## (四) 填空题

1. 研制新兽药，应当具有与研制相适应的____、____、____、安全管理规范和措施。

2. 研制新兽药，应当进行____。从事兽药安全性评价的单位应当遵守国务院兽医行政管理部门制定的兽药非临床研究质量管理规范和兽药临床试验质量管理规范。
3. 兽药生产企业应当建立生产记录，生产记录应当____。
4. 生产兽药所需的____，应当符合国家标准或者所生产兽药的____。
5. ____兽药的包装材料和容器应当符合药用要求。
6. 兽药包装应当按照规定印有或者贴有标签，附具说明书，并在显著位置注明____字样。
7. 兽用处方药的标签或者说明书还应当印有国务院兽医行政管理部门规定的警示内容，其中兽用____、____、____还应当印有国务院兽医行政管理部门规定的特殊标志；兽用非处方药的标签或者说明书还应当印有国务院兽医行政管理部门规定的非处方药标志。
8. 国务院兽医行政管理部门，根据保证动物产品质量安全和人体健康的需要，可以对新兽药设立不超过 5 年的____；在监测期内，不得批准其他企业生产或者进口该新兽药。生产企业应当在监测期内收集该新兽药的____、____等资料，并及时报送国务院兽医行政管理部门。
9. 兽药经营许可证有效期为____。有效期届满，需要继续经营兽药的，应当在许可证有效期届满前 6 个月到发证机关____兽药经营许可证。
10. 兽药经营企业购进兽药，应当将兽药产品与产品标签或者____、____核对无误。

## （五）简答题

1. 简述临床试验完成后，新兽药研制者向国务院兽医行政管理部门提出新兽药注册申请时，应当提交的新兽药的样品和资料。
2. 简述从事兽药生产的企业，应当符合国家兽药行业发展规划和产业政策并具备的条件。

# 参考答案

## （一）判断题

1. ×，解析：根据《兽药管理条例》第8条第2款规定：“研制的新兽药属于生物制品的，应当在临床试验前向国务院兽医行政管理部门提出申请，国务院兽医行政管理部门应当自收到申请之日起60个工作日内将审查结果书面通知申请人。”
2. ×，解析：根据《兽药管理条例》第10条第2款规定：“自注册之日起6年内，对其他申请人未经已获得注册兽药的申请人同意，使用前款规定的数据申请兽药注册的，兽药注册机关不予注册；但是，其他申请人提交其自己所取得的数据的除外。”
3. √，解析：根据《兽药管理条例》第12条第2款。
4. √，解析：根据《兽药管理条例》第42条第4款。
5. ×，解析：根据《兽药管理条例》第44条第3款规定：“当事人对兽药检验结果有异议的，可以自收到检验结果之日起7个工作日内向实施检验的机构或者上级兽医行政管理部门设立的检验机构申请复检。”
6. ×解析：《兽药管理条例》第46条第1款规定：“兽医行政管理部门依法进行监督检查时，对有证据证明可能是假、劣兽药的，应当采取查封、扣押的行政强制措施，并自采取行政强制措施之日起7个工作日内作出是否立案的决定；需要检验的，应当自检验报告书发出之日起15个工作日内作出是否立案的决定；不符合立案条件的，应当解除行政强制措施；需要暂停生产的，由国务院兽医行政管理部门或者省、自治区、直辖市人民政府兽医行政管理部门按照权限作出决定；需要暂停经营、使用的，由县级以上人民政府兽医行政管理部门按照权限作出决定。”
7. √，解析：根据《兽药管理条例》第50条第2款。
8. √，解析：根据《兽药管理条例》第9条第4款。

## （二）单项选择题

1. D，解析：根据《兽药管理条例》第41条第4款规定：“禁止将人用药品用于动物。”
2. A，解析：根据《兽药管理条例》第42条第3款规定：“动物产品的生产者、销售者对检测结果有异议的，可以自收到检测结果之日起7个工作日内向组织实施兽药残留检测的兽医行政管理部门或者其上级兽医行政管理部门提出申请，由受理申请的兽医行政管理部门指定检验机构进行复检。”

3. C，解析：根据《兽药管理条例》第42条第4款规定：“兽药残留限量标准和残留检测方法，由国务院兽医行政管理部门制定发布。”
4. A，解析：根据《兽药管理条例》第15条规定：“兽药生产企业生产兽药，应当取得国务院兽医行政管理部门核发的产品批准文号，产品批准文号的有效期为5年。兽药产品批准文号的核发办法由国务院兽医行政管理部门制定。”
5. C，解析：根据《兽药管理条例》第16条第1款规定：“兽药生产企业应当按照兽药国家标准和国务院兽医行政管理部门批准的生产工艺进行生产。兽药生产企业改变影响兽药质量的生产工艺的，应当报原批准部门审核批准。”

**（三）多项选择题**

1. ABC，解析：根据《兽药管理条例》第52条规定：“禁止买卖、出租、出借兽药生产许可证、兽药经营许可证和兽药批准证明文件。”
2. ABCD，解析：根据《兽药管理条例》第29条第1款规定：“兽药经营企业，应当建立兽药保管制度，采取必要的冷藏、防冻、防潮、防虫、防鼠等措施，保持所经营兽药的质量。”
3. CD，解析：根据《兽药管理条例》第29条第2款规定：“兽药入库、出库，应当执行检查验收制度，并有准确记录。”C错；《兽药管理条例》第27条第3款规定：“禁止兽药经营企业经营人用药品和假、劣兽药。”

**（四）填空题**

1. 场所；仪器设备；专业技术人员。（《兽药管理条例》第7条第1款）
2. 安全性评价。（《兽药管理条例》第7条第2款）
3. 完整、准确。（《兽药管理条例》第16条第2款）
4. 原料、辅料；质量要求。（《兽药管理条例》第17条第1款）
5. 直接接触。（《兽药管理条例》第17条第2款）
6. “兽用”。（《兽药管理条例》第20条第1款）
7. 麻醉药品；精神药品；毒性药品和放射性药品。（《兽药管理条例》第20条第4款）
8. 监测期；疗效；不良反应。（《兽药管理条例》第21条）
9. 5年；申请换发。（《兽药管理条例》第23条第2款）
10. 说明书；产品质量合格证。（《兽药管理条例》第26条）

（五）简答题

1. 答：《兽药管理条例》第9条规定：“临床试验完成后，新兽药研制者向国务院兽医行政管理部门提出新兽药注册申请时，应当提交该新兽药的样品和下列资料：（一）名称、主要成分、理化性质；（二）研制方法、生产工艺、质量标准和检测方法；（三）药理和毒理试验结果、临床试验报告和稳定性试验报告；（四）环境影响报告和污染防治措施。”
2. 答：《兽药管理条例》第11条规定：“从事兽药生产的企业，应当符合国家兽药行业发展规划和产业政策，并具备下列条件：（一）与所生产的兽药相适应的兽医学、药学或者相关专业的技术人员；（二）与所生产的兽药相适应的厂房、设施；（三）与所生产的兽药相适应的兽药质量管理和质量检验的机构、人员、仪器设备；（四）符合安全、卫生要求的生产环境；（五）兽药生产质量管理规范规定的其他生产条件。”

# 三十、农田水利条例

## （一）判断题

1. 为了加快农田水利发展，提高农业综合生产能力，保障国家粮食安全，制定《农田水利条例》。（　　）
2. 农田水利规划的编制实施、农田水利工程建设和运行维护、农田灌溉和排水等活动，适用《农田水利条例》。（　　）
3. 国家依法保护农田水利工程投资者的权益。（　　）
4. 下级农田水利规划应当根据上级农田水利规划编制，并向上一级人民政府水行政主管部门备案。（　　）
5. 县级以上人民政府水行政主管部门和其他有关部门按照职责分工负责实施农田水利规划。（　　）

## （二）单项选择题

1. 以下哪个不在编制农田水利规划应当统筹考虑范围之内？（　　）
   A. 经济社会发展水平　　B. 水土资源供需平衡
   C. 农业生产需求　　D. 人口数量
2. 以下哪个不是县级人民政府水行政主管部门编制农田水利规划，应当征求意见的主体？（　　）
   A. 农村集体经济组织　　B. 农民用水合作组织
   C. 居民　　D. 农民
3. 编制土地整治、农业综合开发等规划涉及农田水利，应当与农田水利规划相衔接，并征求（　　）的意见。
   A. 本级人民政府水行政主管部
   B. 水利局
   C. 农民用水合作组织
   D. 农村集体经济组织

4. 县级以上人民政府水行政主管部门应当会同本级人民政府有关部门对农田水利规划实施情况进行评估，并将评估结果向(　　)报告。

A. 本级人民政府　　B. 水利局

C. 全国人大　　D. 国务院

## （三）多项选择题

1. 哪些属于县级以上人民政府水行政主管部门应该做的事项？(　　)

A. 农田水利信息系统建设

B. 发布农田水利规划

C. 收集运行维护信息

D. 发布水利工程建设信息

2. 负责农田水利工程运行维护的单位和个人应当注意哪些事项？(　　)

A. 建立健全运行维护制度

B. 日常巡查

C. 维修和养护

D. 自行处置设施

3. 下列哪些属于禁止危害农田水利工程设施的下列行为？(　　)

A. 损毁农田水利工程设施

B. 堆放阻碍蓄水、输水、排水的物体

C. 打井

D. 采石

4. 根据《农田水利条例》下列哪些行为是正确的？(　　)

A. 采取先进的农田排水技术和措施

B. 控制和合理利用农田排水

C. 减少肥料流失

D. 防止农业面源污染

## （四）填空题

1. 省、自治区、直辖市人民政府水行政主管部门应当组织做好本行政区域农田灌溉排水试验工作。灌溉试验站应当做好农田灌溉排水____，加强科技成果____，指导用水户科学灌溉排水。

2. 国家鼓励推广应用喷灌、微灌、管道输水灌溉、____输水灌溉等节水灌溉技术，以及先进的农机、农艺和生物技术等，提高灌溉用水____。
3. 灌区管理单位应当根据有管辖权的县级以上人民政府水行政主管部门核定的年度取用水计划，制定灌区内____、____，与用水户签订用水协议。
4. 农田灌溉用水应当符合相应的____。县级以上地方人民政府环境保护主管部门应当会同水行政主管部门、农业主管部门加强对农田灌溉用水的____。

## （五）简答题

1. 农田水利工程按照哪些规定确定运行维护主体。
2. 违反《农田水利条例》规定，有哪些行为之一的，构成犯罪的，依法追究刑事责任。

# 参考答案

### （一）判断题

1. √，解析：根据《农田水利条例》第 1 条。
2. √，解析：根据《农田水利条例》第 2 条。
3. ×，解析：根据《农田水利条例》第 5 条规定："国家鼓励和引导农村集体经济组织、农民用水合作组织、农民和其他社会力量进行农田水利工程建设、经营和运行维护，保护农田水利工程设施，节约用水，保护生态环境。国家依法保护农田水利工程投资者的合法权益。"
4. √，解析：根据《农田水利条例》第 9 条第 1 款。
5. √，解析：根据《农田水利条例》第 10 条第 1 款。

### （二）单项选择题

1. D，解析：根据《农田水利条例》第 7 条规定："编制农田水利规划应当统筹考虑经济社会发展水平、水土资源供需平衡、农业生产需求、灌溉排水发展需求、环境保护等因素。农田水利规划应当包括发展思路、总体任务、区域布局、保障措施等内容；县级农田水利规划还应当包括水源保障、工程布局、工程规模、生态环境影响、工程建设和运行维护、技术推广、资金筹措等内容。”

2. C，解析：根据《农田水利条例》第 8 条规定：“县级以上人民政府应当组织开展农田水利调查。农田水利调查结果是编制农田水利规划的依据。县级人民政府水行政主管部门编制农田水利规划，应当征求农村集体经济组织、农民用水合作组织、农民等方面的意见。”
3. A，解析：根据《农田水利条例》第 11 条规定：“编制土地整治、农业综合开发等规划涉及农田水利，应当与农田水利规划相衔接，并征求本级人民政府水行政主管部门的意见。”
4. A. 解析：根据《农田水利条例》第 10 条规定：“县级以上人民政府水行政主管部门和其他有关部门按照职责分工负责实施农田水利规划。县级以上人民政府水行政主管部门应当会同本级人民政府有关部门对农田水利规划实施情况进行评估，并将评估结果向本级人民政府报告。”

**（三）多项选择题**

1. ABCD，解析：根据《农田水利条例》第 17 条规定：“县级以上人民政府水行政主管部门应当会同有关部门加强农田水利信息系统建设，收集与发布农田水利规划、农田水利工程建设和运行维护等信息。”
2. ABC，解析：根据《农田水利条例》第 21 条规定：“负责农田水利工程运行维护的单位和个人应当建立健全运行维护制度，加强对农田水利工程的日常巡查、维修和养护，按照有关规定进行调度，保障农田水利工程正常运行。农田水利工程水量调度涉及航道通航的，应当符合《航道法》的有关规定。”
3. ABCD，解析：根据《农田水利条例》第 23 条规定：“禁止危害农田水利工程设施的下列行为：（一）侵占、损毁农田水利工程设施；（二）危害农田水利工程设施安全的爆破、打井、采石、取土等活动；（三）堆放阻碍蓄水、输水、排水的物体；（四）建设妨碍蓄水、输水、排水的建筑物和构筑物；（五）向塘坝、沟渠排放污水、倾倒垃圾以及其他废弃物。”
4. ABCD，解析：根据《农田水利条例》第 30 条规定：“国家鼓励采取先进适用的农田排水技术和措施，促进盐碱地和中低产田改造；控制和合理利用农田排水，减少肥料流失，防止农业面源污染。”

**（四）填空题**

1. 试水研究；示范推广。（《农田水利条例》第 31 条）
2. 渠道防渗；效率。（《农田水利条例》第 32 条）
3. 用水计划；调度方案。（《农田水利条例》第 28 条）

4. 水质标准；水质监测。（《农田水利条例》第29条）

（五）简答题

1. 答：《农田水利条例》第18条规定："农田水利工程按照下列规定确定运行维护主体：（一）政府投资建设的大中型农田水利工程，由县级以上人民政府按照工程管理权限确定的单位负责运行维护，鼓励通过政府购买服务等方式引进社会力量参与运行维护；（二）政府投资建设或者财政补助建设的小型农田水利工程，按照规定交由受益农村集体经济组织、农民用水合作组织、农民等使用和管理的，由受益者或者其委托的单位、个人负责运行维护；（三）农村集体经济组织筹资筹劳建设的农田水利工程，由农村集体经济组织或者其委托的单位、个人负责运行维护；（四）农民或者其他社会力量投资建设的农田水利工程，由投资者或者其委托的单位、个人负责运行维护；（五）政府与社会力量共同投资建设的农田水利工程，由投资者按照约定确定运行维护主体。农村土地承包经营权依法流转的，应当同时明确该土地上农田水利工程的运行维护主体。"

2. 答：《农田水利条例》第43条规定："违反本条例规定，有下列行为之一的，由县级以上地方人民政府水行政主管部门责令停止违法行为，限期恢复原状或者采取补救措施；逾期不恢复原状或者采取补救措施的，依法强制执行；造成损失的，依法承担民事责任；构成违反治安管理行为的，依法给予治安管理处罚；构成犯罪的，依法追究刑事责任：（一）堆放阻碍农田水利工程设施蓄水、输水、排水的物体；（二）建设妨碍农田水利工程设施蓄水、输水、排水的建筑物和构筑物；（三）擅自占用农业灌溉水源、农田水利工程设施。"

# 三十一、基本农田保护条例

## （一）判断题

1. 国家实行所有农田保护制度。（　　）
2. 县级以上地方各级人民政府土地行政主管部门和农业行政主管部门按照本级人民政府规定的职责分工，依照本条例负责本行政区域内的基本农田保护管理工作。（　　）
3. 县级人民政府负责本行政区域内的基本农田保护管理工作。（　　）
4. 国家对在基本农田保护工作中取得显著成绩的单位和个人，给予奖励。（　　）
5. 划定的基本农田保护区，由县级人民政府设立保护标志，予以公告，由县级人民政府土地行政主管部门建立档案，并抄送同级农业行政主管部门。任何单位和个人不得破坏或者擅自改变基本农田保护区的保护标志。（　　）
6. 划定基本农田保护区时，可以改变土地承包者的承包经营权。（　　）
7. 划定基本农田保护区的技术规程，由国务院土地行政主管部门制定。（　　）
8. 基本农田保护区经依法划定后，任何单位和个人不得改变或者占用。国家能源、交通、水利、军事设施等重点建设项目选址确实无法避开基本农田保护区，需要占用基本农田，涉及农用地转用或者征收土地的，必须经国务院批准。（　　）
9. 违反《基本农田保护条例》规定，应当将耕地划入基本农田保护区而不划入的，由本级人民政府责令限期改正；拒不改正的，对直接负责的主管人员和其他直接责任人员依法给予行政处分或者纪律处分。（　　）

## （二）单项选择题

1.《基本农田保护条例》所称（　　），是指按照一定时期人口和社会经济发展对农产品的需求，依据土地利用总体规划确定的不得占用的耕地。

A. 所有农田　　B. 农田

C. 基本农田　　D. 基础农田

2. 省、自治区、直辖市划定的基本农田应当占本行政区域内耕地总面积的（　　）以上，具体数量指标根据全国土地利用总体规划逐级分解下达。

A. 60%　　B. 70%

C. 75%　　D. 80%

3. 根据土地利用总体规划，（　　），城市和村庄、集镇建设用地区周边的耕地，应当优先划入基本农田保护区；需要退耕还林、还牧、还湖的耕地，不应当划入基本农田保护区。

A. 铁路、公路等交通沿线

B. 沿海地区的生态地

C. 沿海地区的交通沿线

D. 铁路、海路等交通沿线

4. 基本农田保护区以（　　）为单位划区定界，由县级人民政府土地行政主管部门会同同级农业行政主管部门组织实施。

A. 县　　B. 乡（镇）

C. 村　　D. 街道

5. 基本农田划区定界后，由（　　）人民政府组织土地行政主管部门和农业行政主管部门验收确认，或者由省、自治区人民政府授权设区的市、自治州人民政府组织土地行政主管部门和农业行政主管部门验收确认。

A. 省、自治区、直辖市

B. 省、自治区

C. 省

D. 自治区、直辖市

6. 禁止任何单位和个人占用基本农田发展（　　）和挖塘养鱼。

A. 林业　　B. 养殖业

C. 林果业　　D. 种植业

7. 禁止任何单位和个人闲置、荒芜基本农田。经国务院批准的重点建设项目占用基本农田的，满 1 年不使用而又可以耕种并收获的，应当由原耕种该幅基本农田的集体或者个人恢复耕种，也可以由用地单位组织耕种；1年以上未动工建设的，应当按照省、自治区、直辖市的规定缴纳闲置费；**连续（　　）年未使用的，经国务院批准，由县级以上人民政府无偿收回用地单位的土地使用权；该幅土地原为农民集体所有的，应当交由原农村集体经济组织恢复耕种，重新划入基本农田保护区。**

A. 2　　B. 3

C. 4　　D. 5

8. **县级以上人民政府农业行政主管部门应当会同（　　）对基本农田环境污染进行监测和评价，并定期向本级人民政府提出环境质量与发展趋势的报告。**

A. 上级环境保护行政主管部门

B. 同级农田保护行政主管部门

C. 同级环境保护行政主管部门

D. 上级环境保护行政主管部门

## （三）多项选择题

1. 基本农田保护实行（　　）的方针。

A. 全面规划　　B. 合理利用

C. 用养结合　　D. 严格保护

2. 县级以上地方各级人民政府应当将基本农田保护工作纳入（　　），作为政府领导任期目标责任制的一项内容，并由上一级人民政府监督实施。

A. 全民经济发展计划　　B. 社会主义经济发展计划

C. 国民经济发展计划　　D. 社会发展计划

3. 任何单位和个人都有保护基本农田的义务，并有权（　　）侵占、破坏基本农田和其他违反《基本农田保护条例》的行为。

A. 检举　　B. 举报

C. 控告　　D. 监督

4. 各级人民政府在编制土地利用总体规划时，应当将基本农田保护作为规划的一项内容，明确基本农田保护的（　　）。

A. 布局安排　　B. 数量指标

C. 质量要求　　　　D. 环境要求

5. 占用基本农田的单位应当按照县级以上地方人民政府的要求，将所占用基本农田耕作层的土壤用于(　　)的土壤改良。

A. 基本生存用地　　　　B. 新开垦耕地

C. 劣质地　　　　D. 其他耕地

6. 禁止任何单位和个人在基本农田保护区内(　　)、挖砂、采石、采矿、取土、堆放固体废弃物或者进行其他破坏基本农田的活动。

A. 建窑　　　　B. 建厂

C. 建房　　　　D. 建坟

7. 向基本农田保护区提供肥料和作为肥料的(　　)的，应当符合国家有关标准。

A. 城市垃圾　　　　B. 城乡垃圾

C. 建筑垃圾　　　　D. 污泥

## (四) 填空题

1. 为了对基本农田实行特殊保护，促进农业生产和社会经济的可持续发展，根据____和____，制定本条例。
2. 《基本农田保护条例》所称____，是指为对基本农田实行特殊保护而依据土地利用总体规划和依照法定程序确定的特定保护区域。
3. 国务院土地行政主管部门和____按照国务院规定的职责分工，依照本条例负责全国的基本农田保护管理工作。
4. ____应当采取措施，确保土地利用总体规划确定的本行政区域内基本农田的数量不减少。
5. 占用单位应当按照____的原则，负责开垦与所占基本农田的数量与质量相当的耕地；没有条件开垦或者开垦的耕地不符合要求的，应当按照省、自治区、直辖市的规定缴纳耕地开垦费，专款用于开垦新的耕地。
6. 县级人民政府应当根据当地实际情况制定基本农田地力分等定级办法，由农业行政主管部门会同土地行政主管部门组织实施，对基本农田地力____，并建立档案。
7. 农村集体经济组织或者____应当定期评定基本农田地力等级。

8. 县级以上地方各级人民政府农业行政主管部门应当逐步建立基本农田地力与____长期定位监测网点，定期向本级人民政府提出基本农田地力变化状况报告以及相应的地力保护措施，并为农业生产者提供施肥指导服务。

9. 经____批准占用基本农田兴建国家重点建设项目的，必须遵守国家有关建设项目环境保护管理的规定。在建设项目环境影响报告书中，应当有基本农田环境保护方案。

### （五）简答题

1. 简述哪些耕地应当划入基本农田保护区，严格管理。
2. 简述基本农田保护责任书应当包括的内容。
3. 简述哪些行为应依照《土地管理法》和《土地管理法实施条例》的有关规定，从重给予处罚。

## 参考答案

### （一）判断题

1. ×，解析：根据《基本农田保护条例》第2条第1款规定：“国家实行基本农田保护制度。”
2. √，解析：根据《基本农田保护条例》第6条第2款。
3. ×，解析：根据《基本农田保护条例》第6条第3款规定：“乡（镇）人民政府负责本行政区域内的基本农田保护管理工作。”
4. √，解析：根据《基本农田保护条例》第7条。
5. √，解析：根据《基本农田保护条例》第11条第2款。
6. ×，解析：根据《基本农田保护条例》第12条规定：“划定基本农田保护区时，不得改变土地承包者的承包经营权。”
7. ×，解析：根据《基本农田保护条例》第13条规定：“划定基本农田保护区的技术规程，由国务院土地行政主管部门会同国务院农业行政主管部门制定。”
8. √，解析：根据《基本农田保护条例》第15条。
9. ×，解析：根据《基本农田保护条例》第31条规定：“违反本条例规定，应当将耕地划入基本农田保护区而不划入的，由上一级人民政府责令限期改正；拒不改正的，对直接负责的主管人员和其他直接责任人员依法给予行政处分或者纪律处分。”

**（二）单项选择题**

1. C，解析：根据《基本农田保护条例》第2条第2款规定：“本条例所称基本农田，是指按照一定时期人口和社会经济发展对农产品的需求，依据土地利用总体规划确定的不得占用的耕地。”
2. D，解析：根据《基本农田保护条例》第9条规定：“省、自治区、直辖市划定的基本农田应当占本行政区域内耕地总面积的80%以上，具体数量指标根据全国土地利用总体规划逐级分解下达。”
3. A，解析：根据《基本农田保护条例》第10条第2款规定：“根据土地利用总体规划，铁路、公路等交通沿线，城市和村庄、集镇建设用地区周边的耕地，应当优先划入基本农田保护区；需要退耕还林、还牧、还湖的耕地，不应当划入基本农田保护区。”
4. B，解析：根据《基本农田保护条例》第11条第1款规定：“基本农田保护区以乡（镇）为单位划区定界，由县级人民政府土地行政主管部门会同同级农业行政主管部门组织实施。”
5. A，解析：根据《基本农田保护条例》第11条第3款规定：“基本农田划区定界后，由省、自治区、直辖市人民政府组织土地行政主管部门和农业行政主管部门验收确认，或者由省、自治区人民政府授权设区的市、自治州人民政府组织土地行政主管部门和农业行政主管部门验收确认。”
6. C，解析：根据《基本农田保护条例》第17条第2款规定：“禁止任何单位和个人占用基本农田发展林果业和挖塘养鱼。”
7. A，解析：根据《基本农田保护条例》第18条第1款规定：“禁止任何单位和个人闲置、荒芜基本农田。经国务院批准的重点建设项目占用基本农田的，满1年不使用而又可以耕种并收获的，应当由原耕种该幅基本农田的集体或者个人恢复耕种，也可以由用地单位组织耕种；1年以上未动工建设的，应当按照省、自治区、直辖市的规定缴纳闲置费；连续2年未使用的，经国务院批准，由县级以上人民政府无偿收回用地单位的土地使用权；该幅土地原为农民集体所有的，应当交由原农村集体经济组织恢复耕种，重新划入基本农田保护区。”
8. C，解析：根据《基本农田保护条例》第23条规定：“县级以上人民政府农业行政主管部门应当会同同级环境保护行政主管部门对基本农田环境污染进行监测和评价，并定期向本级人民政府提出环境质量与发展趋势的报告。”

**（三）多项选择题**

1. ABCD，解析：根据《基本农田保护条例》第3条规定：“基本农田保护实行全面规划、合理利用、用养结合、严格保护的方针。”
2. CD，解析：根据《基本农田保护条例》第4条规定：“县级以上地方各级人民政府应当将基本农田保护工作纳入国民经济和社会发展计划，作为政府领导任期目标责任制的一项内容，并由上一级人民政府监督实施。”
3. AC，解析：根据《基本农田保护条例》第5条规定：“任何单位和个人都有保护基本农田的义务，并有权检举、控告侵占、破坏基本农田和其他违反本条例的行为。”
4. ABC，解析：根据《基本农田保护条例》第8条第1款规定：“各级人民政府在编制土地利用总体规划时，应当将基本农田保护作为规划的一项内容，明确基本农田保护的布局安排、数量指标和质量要求。”
5. BCD，解析：根据《基本农田保护条例》第16条第2款规定：“占用基本农田的单位应当按照县级以上地方人民政府的要求，将所占用基本农田耕作层的土壤用于新开垦耕地、劣质地或者其他耕地的土壤改良。”
6. ACD，解析：根据《基本农田保护条例》第17条第1款规定：“禁止任何单位和个人在基本农田保护区内建窑、建房、建坟、挖砂、采石、采矿、取土、堆放固体废弃物或者进行其他破坏基本农田的活动。”
7. AD，解析：根据《基本农田保护条例》第25条规定：“向基本农田保护区提供肥料和作为肥料的城市垃圾、污泥的，应当符合国家有关标准。”

**（四）填空题**

1.《农业法》;《土地管理法》。（《基本农田保护条例》第1条）
2. 基本农田保护区。（《基本农田保护条例》第2条第3款）
3. 农业行政主管部门。（《基本农田保护条例》第6条第1款）
4. 地方各级人民政府。（《基本农田保护条例》第14条）
5. 占多少、垦多少。（《基本农田保护条例》第16条第1款规定）
6. 分等定级。（《基本农田保护条例》第20条）
7. 村民委员会。（《基本农田保护条例》第21条）
8. 施肥效益。（《基本农田保护条例》第22条）
9. 国务院。（《基本农田保护条例》第24条）

**（五）简答题**

1. 答：《基本农田保护条例》第10条规定："下列耕地应当划入基本农田保护区，严格管理：（一）经国务院有关主管部门或者县级以上地方人民政府批准确定的粮、棉、油生产基地内的耕地；（二）有良好的水利与水土保持设施的耕地，正在实施改造计划以及可以改造的中、低产田；（三）蔬菜生产基地；（四）农业科研、教学试验田。根据土地利用总体规划，铁路、公路等交通沿线，城市和村庄、集镇建设用地区周边的耕地，应当优先划入基本农田保护区；需要退耕还林、还牧、还湖的耕地，不应当划入基本农田保护区。"
2. 答：《基本农田保护条例》第27条第2款规定："基本农田保护责任书应当包括下列内容：（一）基本农田的范围、面积、地块；（二）基本农田的地力等级；（三）保护措施；（四）当事人的权利与义务；（五）奖励与处罚。"
3. 答：《基本农田保护条例》第30条规定："违反本条例规定，有下列行为之一的，依照《土地管理法》和《土地管理法实施条例》的有关规定，从重给予处罚：（一）未经批准或者采取欺骗手段骗取批准，非法占用基本农田的；（二）超过批准数量，非法占用基本农田的；（三）非法批准占用基本农田的；（四）买卖或者以其他形式非法转让基本农田的。"

# 三十二、农业保险条例

## （一）判断题

1. 农业保险实行政府引导、市场运作、自主自愿和协同推进的原则。（　　）
2. 财政、保险监督管理、国土资源、农业、林业、气象等有关部门、机构应当建立农业保险相关信息的共享机制。（　　）
3. 农民或者农业生产经营组织投保的农业保险标的属于财政给予保险费补贴范围的，由财政部门按照规定给予保险费补贴，具体办法由国务院财政部门商国务院农业、林业主管部门和保险监督管理机构制定。（　　）
4. 国家鼓励地方人民政府采取由国家财政给予保险费补贴等措施。（　　）

## （二）单项选择题

1. 保险机构应当在与被保险人达成赔偿协议后（　　）日内，将应赔偿的保险金支付给被保险人。

   A. 3　　B. 5

   C. 7　　D. 10

2. 保险机构不符合《农业保险条例》第17条第1款规定条件经营农业保险业务的，由保险监督管理机构责令限期改正，停止接受新业务；逾期不改正或者造成严重后果的可以处（　　）元罚款。

   A. 3万　　B. 5万

   C. 7万　　D. 15万

3. 保险机构经营农业保险业务，编制或者提供虚假的报告、报表、文件、资料可以处（　　）元罚款。

   A. 30万　　B. 5万

   C. 7万　　D. 9万

## （三）多项选择题

1. 哪些机构应当建立农业保险相关信息的共享机制？（　　）

   A. 保险监督管理机构　　B. 国土资源机构

   C. 林业机构　　D. 气象机构

2. 以下哪些属于保险机构经营农业保险业务应该满足的条件？（　　）

   A. 有完善的基层服务网络

   B. 有专门的农业保险经营部门

   C. 有稳健的农业再保险

   D. 大灾风险安排以及风险应对预案

3. 根据《农业保险条例》，以下哪些行为应该被禁止？（　　）

   A. 虚增保险标的

   B. 以同一保险标的进行多次投保

   C. 虚列费用

   D. 挪用保险金

## （四）填空题

1. 县级以上地方人民政府统一____、____、____本行政区域的农业保险工作，建立健全推进农业保险发展的工作机制。
2. 国务院有关部门、机构和地方各级人民政府及其有关部门应当采取多种形式，加强对农业保险的宣传，提高农民和农业生产经营组织的____，组织引导农民和农业生产经营组织积极参加____。
3. 农业保险可以由____自行投保，也可以由农业生产经营组织、村民委员会等单位组织农民投保。

# 参考答案

### （一）判断题

1. √，解析：根据《农业保险条例》第 3 条第 2 款。
2. √，解析：根据《农业保险条例》第 4 条第 2 款。

3. √，解析：根据《农业保险条例》第7条第1款。

4. ×，解析：根据《农业保险条例》第7条第2款规定：“国家鼓励地方人民政府采取由地方财政给予保险费补贴等措施，支持发展农业保险。”

**（二）单项选择题**

1. D，解析：根据《农业保险条例》第14条规定：“保险机构应当在与被保险人达成赔偿协议后10日内，将应赔偿的保险金支付给被保险人。农业保险合同对赔偿保险金的期限有约定的，保险机构应当按照约定履行赔偿保险金义务。”

2. D，解析：根据《农业保险条例》第26条规定：“保险机构不符合本条例第17条第1款规定条件经营农业保险业务的，由保险监督管理机构责令限期改正，停止接受新业务；逾期不改正或者造成严重后果的，处10万元以上50万元以下的罚款，可以责令停业整顿或者吊销经营保险业务许可证。保险机构以外的其他组织或者个人非法经营农业保险业务的，由保险监督管理机构予以取缔，没收违法所得，并处违法所得1倍以上5倍以下的罚款；没有违法所得或者违法所得不足20万元的，处20万元以上100万元以下的罚款。”

3. A，解析：根据《农业保险条例》第27条规定：“保险机构经营农业保险业务，有下列行为之一的，由保险监督管理机构责令改正，处10万元以上50万元以下的罚款；情节严重的，可以限制其业务范围、责令停止接受新业务：（一）编制或者提供虚假的报告、报表、文件、资料；（二）拒绝或者妨碍依法监督检查；（三）未按照规定使用经批准或者备案的农业保险条款、保险费率。”

**（三）多项选择题**

1. ABCD，解析：根据《农业保险条例》第4条规定：“国务院保险监督管理机构对农业保险业务实施监督管理。国务院财政、农业、林业、发展改革、税务、民政等有关部门按照各自的职责，负责农业保险推进、管理的相关工作。财政、保险监督管理、国土资源、农业、林业、气象等有关部门、机构应当建立农业保险相关信息的共享机制。”

2. ABCD，解析：根据《农业保险条例》第17条规定：“保险机构经营农业保险业务，应当符合下列条件：（一）有完善的基层服务网络；（二）有专门的农业保险经营部门并配备相应的专业人员；（三）有完善的农业保险内控制度；（四）有稳健的农业再保险和大灾风险安排以及风险应对预案；（五）偿付能力符合国务院保险监督管理机构的规定；（六）国务院保险监督管理机构规定的其他条件。除保险机构外，任何单位和个人不得经营农业保险业务。”

3. ABCD，解析：根据《农业保险条例》第23条规定：“保险费补贴的取得和使用，应当遵守依照本条例第七条制定的具体办法的规定。禁止以下列方式或者其他任何方式骗取农业保险的保险费补贴：（一）虚构或者虚增保险标的或者以同一保险标的进行多次投保；（二）以虚假理赔、虚列费用、虚假退保或者截留、挪用保险金、挪用经营费用等方式冲销投保人应缴的保险费或者财政给予的保险费补贴。”

**（四）填空题**

1. 领导；组织；协调。（《农业保险条例》第5条）
2. 保险意识；农业保险。（《农业保险条例》第6条）
3. 农民。（《农业保险条例》第10条第1款）

# 三十三、农村五保供养工作条例

## （一）判断题

1. 农村五保供养，是指依照《农村五保供养工作条例》规定，在吃、穿、住、医、葬方面给予村民的生活照顾和物质帮助。(　　)
2. 国务院民政部门主管全国的农村五保供养工作；乡级以上地方各级人民政府民政部门主管本行政区域内的农村五保供养工作。(　　)
3. 老年、残疾或者未满 14 周岁的村民，无劳动能力、无生活来源又无法定赡养、抚养、扶养义务人，或者其法定赡养、抚养、扶养义务人无赡养、抚养、扶养能力的，享受农村五保供养待遇。(　　)
4. 享受农村五保供养待遇，应当由村民本人向村民委员会提出申请；因年幼或者智力残疾无法表达意愿的，由村民小组或者其他村民代为提出申请。(　　)

## （二）单项选择题

1. 农村五保供养对象未满(　　)周岁仍在接受义务教育的，应当保障他们依法接受义务教育所需费用。

   A. 13　　B. 14

   C. 15　　D. 16

2. 农村五保供养的标准是：(　　)

   A. 不得高于当地村民的平均生活水平

   B. 不得低于当地村民的平均生活水平

   C. 适当考虑交通费用

   D. 适当考虑水电气费用

3. 农村五保供养的审批机构是：(　　)

   A. 县级人民政府民政部门　　B. 乡镇人民政府

   C. 县级财政部门　　D. 乡镇财政部门

4. 按照《农村五保供养工作条例》的相关规定，(　　)应当依法加强对农村五保供养工作的监督管理。

A. 乡镇民政部门　　B. 乡镇人民政府

C. 县级以上人民政府　　D. 县级民政部门

## (三) 多项选择题

1. 农村五保供养对象将承包土地交由他人代耕的，其收益归该农村五保供养对象所有，具体办法由(　　)规定。

A. 省人民政府　　B. 自治区人民政府

C. 直辖市人民政府　　D. 国务院民政部门

2. 按照《农村五保供养工作条例》的相关规定，下列说法正确的是：(　　)

A. 乡、民族乡、镇人民政府应当与村民委员会或者农村五保供养服务机构签订供养服务协议，保证农村五保供养对象享受符合要求的供养

B. 村民委员会可以委托村民对分散供养的农村五保供养对象提供照料

C. 县级以上人民政府应当依法加强对农村五保供养工作的监督管理。县级以上地方各级人民政府民政部门和乡、民族乡、镇人民政府应当制定农村五保供养工作的管理制度，并负责督促实施

D. 财政部门应当按时足额拨付农村五保供养资金，确保资金到位，并加强对资金使用情况的监督管理

## (四) 填空题

1. 老年、残疾或者未满 16 周岁的村民，____、无生活来源又无法定赡养、抚养、扶养义务人，或者其法定赡养、抚养、扶养义务人无赡养、抚养、扶养能力的，享受____待遇。

2. 农村五保供养对象可以在当地的农村五保供养服务机构____，也可以在家____。农村五保供养对象可以____供养形式。

3. 县级以上人民政府应当依法加强对农村五保供养工作的____。县级以上地方各级人民政府民政部门和乡、民族乡、镇人民政府应当制定农村五保供养工作的管理制度，并负责____。

4. 农村五保供养待遇的申请条件、程序、____情况以及农村五保供养的____使用情况等，应当向社会公告，接受社会监督。

5. 《农村五保供养工作条例》所称农村五保供养，是指依照本条例规定，在吃、穿、住、医、葬方面给予村民的____和____。

## （五）简答题

简述农村五保供养包括的供养内容。

# 参考答案

### （一）判断题

1. √，解析：根据《农村五保供养工作条例》第2条。
2. ×，解析：根据《农村五保供养工作条例》第3条规定：“国务院民政部门主管全国的农村五保供养工作；县级以上地方各级人民政府民政部门主管本行政区域内的农村五保供养工作。乡、民族乡、镇人民政府管理本行政区域内的农村五保供养工作。村民委员会协助乡、民族乡、镇人民政府开展农村五保供养工作。”
3. ×，解析：根据《农村五保供养工作条例》第6条规定：“老年、残疾或者未满16周岁的村民，无劳动能力、无生活来源又无法定赡养、抚养、扶养义务人，或者其法定赡养、抚养、扶养义务人无赡养、抚养、扶养能力的，享受农村五保供养待遇。”
4. √，解析：根据《农村五保供养工作条例》第7条第1款。

### （二）单项选择题

1. D，解析：根据《农村五保供养工作条例》第9条规定：“农村五保供养包括下列供养内容：（一）供给粮油、副食品和生活用燃料；（二）供给服装、被褥等生活用品和零用钱；（三）提供符合基本居住条件的住房；（四）提供疾病治疗，对生活不能自理的给予照料；（五）办理丧葬事宜。农村五保供养对象未满16周岁或者已满16周岁仍在接受义务教育的，应当保障他们依法接受义务教育所需费用。农村五保供养对象的疾病治疗，应当与当地农村合作医疗和农村医疗救助制度相衔接。”
2. B，解析：根据《农村五保供养工作条例》第10条规定：“村五保供养标准不得低于当地村民的平均生活水平，并根据当地村民平均生活水平的提高适时调整。农村五保供养标准，可以由省、自治区、直辖市人民政府制定，在本行政区域内公布执行，也可以由设区的市级或者县级人民政府制定，报所在的省、自治区、直辖市人民政府备案后公布执行。国务院民政部门、国务院财政部门应当加强对农村五保供养标准制定工作的指导。”

3. A，解析：根据《农村五保供养工作条例》第 7 条规定：“享受农村五保供养待遇，应当由村民本人向村民委员会提出申请；因年幼或者智力残疾无法表达意愿的，由村民小组或者其他村民代为提出申请。经村民委员会民主评议，对符合本条例第六条规定条件的，在本村范围内公告；无重大异议的，由村民委员会将评议意见和有关材料报送乡、民族乡、镇人民政府审核。乡、民族乡、镇人民政府应当自收到评议意见之日起 20 日内提出审核意见，并将审核意见和有关材料报送县级人民政府民政部门审批。县级人民政府民政部门应当自收到审核意见和有关材料之日起 20 日内作出审批决定。对批准给予农村五保供养待遇的，发给《农村五保供养证书》；对不符合条件不予批准的，应当书面说明理由。乡、民族乡、镇人民政府应当对申请人的家庭状况和经济条件进行调查核实；必要时，县级人民政府民政部门可以进行复核。申请人、有关组织或者个人应当配合、接受调查，如实提供有关情况。”

4. C，解析：根据《农村五保供养工作条例》第 18 条规定：“县级以上人民政府应当依法加强对农村五保供养工作的监督管理。县级以上地方各级人民政府民政部门和乡、民族乡、镇人民政府应当制定农村五保供养工作的管理制度，并负责督促实施。”

**（三）多项选择题**

1. ABC，解析：根据《农村五保供养工作条例》第 11 条规定：“农村五保供养资金，在地方人民政府财政预算中安排。有农村集体经营等收入的地方，可以从农村集体经营等收入中安排资金，用于补助和改善农村五保供养对象的生活。农村五保供养对象将承包土地交由他人代耕的，其收益归该农村五保供养对象所有。具体办法由省、自治区、直辖市人民政府规定。中央财政对财政困难地区的农村五保供养，在资金上给予适当补助。农村五保供养资金，应当专门用于农村五保供养对象的生活，任何组织或者个人不得贪污、挪用、截留或者私分。”

2. ABCD，解析：根据《农村五保供养工作条例》第 17 条规定：“乡、民族乡、镇人民政府应当与村民委员会或者农村五保供养服务机构签订供养服务协议，保证农村五保供养对象享受符合要求的供养。村民委员会可以委托村民对分散供养的农村五保供养对象提供照料。"第18条规定："县级以上人民政府应当依法加强对农村五保供养工作的监督管理。县级以上地方各级人民政府民政部门和乡、民族乡、镇人民政府应当制定农村五保供养工作的管理制度，并负责督促实施。"第19条规定："财政部门应当按时足额拨付农村五保供养资金，确保资金到位，并加强对资金使用情况的监督管理。"

**（四）填空题**

1. 无劳动能力；五保供养待遇。（《农村五保供养工作条例》第6条）
2. 集中供养；分散供养；自行选择。（《农村五保供养工作条例》第12条）
3. 监督管理；督促实施。（《农村五保供养工作条例》第18条）
4. 民主评议；标准和资金。（《农村五保供养工作条例》第20条）
5. 生活照顾和物质帮助。（《农村五保供养工作条例》第2条）

**（五）简答题**

答：《农村五保供养工作条例》第9条规定："农村五保供养包括下列供养内容：（一）供给粮油、副食品和生活用燃料；（二）供给服装、被褥等生活用品和零用钱；（三）提供符合基本居住条件的住房；（四）提供疾病治疗，对生活不能自理的给予照料；（五）办理丧葬事宜。农村五保供养对象未满十六周岁或者已满十六周岁仍在接受义务教育的，应当保障他们依法接受义务教育所需费用。"

# 三十四、土壤污染防治法

## （一）判断题

1. 土壤污染，是指因人为因素导致某种物质进入陆地表层土壤，引起土壤化学、物理、生物等方面特性的改变，影响土壤功能和有效利用，危害公众健康或者破坏生态环境的现象。（　　）
2. 土壤污染防治应当坚持预防为主、保护优先、分类管理、风险管控、污染担责、公众参与的原则。（　　）
3. 土地使用权人从事土地开发利用活动，企业事业单位和其他生产经营者从事生产经营活动，可以采取必要措施，防止、减少土壤污染，对难免造成的土壤污染不需承担责任。（　　）
4. 国务院统一领导全国土壤污染状况普查。国务院生态环境主管部门会同国务院农业农村、自然资源、住房城乡建设、林业草原等主管部门，每20年至少组织开展一次全国土壤污染状况普查。（　　）
5. 农业投入品生产者、销售者和使用者不需及时回收农药、肥料等农业投入品的包装废弃物和农用薄膜，并将农药包装废弃物交由专门的机构或者组织进行无害化处理。（　　）
6. 县级以上地方人民政府及其有关部门应当按照土地利用总体规划和城乡规划，严格执行相关行业企业布局选址要求，禁止在居民区和学校、医院、疗养院、养老院等单位周边新建、改建、扩建可能造成土壤污染的建设项目。（　　）
7. 禁止将重金属或者其他有毒有害物质含量超标的工业固体废物、生活垃圾或者污染土壤用于土地复垦。（　　）
8. 对产出的农产品污染物含量超标，需要实施修复的农用地地块，土壤污染责任人应当编制修复方案，报地方人民政府农业农村、林业草原主管部门备案并实施。（　　）
9. 土壤污染重点监管单位生产经营用地的用途变更或者在其土地使用权收回、转让前，应当由土地使用权人按照规定进行土壤污染状况调查。土

壤污染状况调查报告只需作为不动产登记资料送交地方人民政府不动产登记机构。（　　）

**10. 企业事业单位和其他生产经营者违反法律法规规定排放有毒有害物质，造成或者可能造成严重土壤污染的，或者有关证据可能灭失或者被隐匿的，生态环境主管部门和其他负有土壤污染防治监督管理职责的部门，可以查封、扣押有关设施、设备、物品。（　　）**

## （二）单项选择题

1.（　　）人民政府应当将土壤污染防治工作纳入国民经济和社会发展规划、环境保护规划。

A. 县级以上　　B. 乡级以上

C. 市级以上　　D. 省级以上

2. 对建设用地土壤污染风险管控和修复名录中的地块，地方人民政府生态环境主管部门不可以根据实际情况采取下列哪种风险管控措施？（　　）

A. 提出划定隔离区域的建议，报本级人民政府批准后实施

B. 进行土壤污染状况监测

C. 进行地下水污染状况监测

D. 对污染责任人实施抓捕

3. 县级以上人民政府应当将土壤污染防治情况纳入环境状况和环境保护目标完成情况年度报告，向（　　）报告。

A. 本级人民代表大会或者人民代表大会常务委员会

B. 上级人民代表大会或者人民代表大会常务委员会

C. 上级人民政府

D. 国务院有关主管部门

4. 地方各级人民政府、生态环境主管部门或者其他负有土壤污染防治监督管理职责的部门未依照本法规定履行职责的，对（　　）依法给予处分。

A. 直接负责的主管人员

B. 直接责任人员

C. 直接负责的主管人员和其他直接责任人员

D. 所有相关人员

## （三）多项选择题

1. 土壤污染防治应当坚持预防为主、保护优先、（　　）的原则。

A. 分类管理　　B. 风险管控

C. 污染担责　　D. 公众参与

2. 地方人民政府生态环境主管部门应当会同自然资源主管部门对下列建设用地地块进行重点监测：（　　）

A. 曾用于生产、使用、贮存、回收、处置有毒有害物质的

B. 曾用于固体废物堆放、填埋的

C. 曾发生过重大、特大污染事故的

D. 国务院生态环境、自然资源主管部门规定的其他情形

3. 国家鼓励和支持农业生产者采取下列措施：（　　）

A. 使用低毒、低残留农药以及先进喷施技术

B. 使用符合标准的有机肥、高效肥

C. 采用测土配方施肥技术、生物防治等病虫害绿色防控技术

D. 使用生物可降解农用薄膜

4. 土壤污染风险评估报告应当主要包括下列内容：（　　）

A. 主要污染物状况

B. 土壤及地下水污染范围

C. 农产品质量安全风险、公众健康风险或者生态风险

D. 风险管控、修复的目标和基本要求等

5. 各级人民政府应当加强对土壤污染的防治，安排必要的资金用于下列事项：（　　）

A. 土壤污染防治的科学技术研究开发、示范工程和项目

B. 各级人民政府及其有关部门组织实施的土壤污染状况普查、监测、调查和土壤污染责任人认定、风险评估、风险管控、修复等活动

C. 各级人民政府及其有关部门对涉及土壤污染的突发事件的应急处置

D. 各级人民政府规定的涉及土壤污染防治的其他事项

## （四）填空题

1. 为了保护和改善生态环境，防治土壤污染，保障公众健康，推动____，推进____，促进经济社会可持续发展，制定《土壤污染防治法》。
2. 禁止生产、销售、使用国家明令禁止的农业投入品。农业投入品____、____和____应当及时回收农药、肥料等农业投入品的包装废弃物和农用薄膜，并将农药包装废弃物交由专门的机构或者组织进行____。
3. 国家加强对土壤资源的保护和合理利用。对开发建设过程中剥离的表土，应当单独收集和存放，符合条件的应当优先用于____、____、____等。
4. 国家采取有利于土壤污染防治的____、____、____、____等经济政策和措施。

# 参考答案

### （一）判断题

1. √，解析：根据《土壤污染防治法》第2条第2款。
2. √，解析：根据《土壤污染防治法》第3条。
3. ×，解析：根据《土壤污染防治法》第4条规定：“任何组织和个人都有保护土壤、防止土壤污染的义务。土地使用权人从事土地开发利用活动，企业事业单位和其他生产经营者从事生产经营活动，应当采取有效措施，防止、减少土壤污染，对所造成的土壤污染依法承担责任。”
4. ×，解析：根据《土壤污染防治法》第14条规定：“国务院统一领导全国土壤污染状况普查。国务院生态环境主管部门会同国务院农业农村、自然资源、住房城乡建设、林业草原等主管部门，每十年至少组织开展一次全国土壤污染状况普查。国务院有关部门、设区的市级以上地方人民政府可以根据本行业、本行政区域实际情况组织开展土壤污染状况详查。”
5. ×，解析：根据《土壤污染防治法》第30条规定：“禁止生产、销售、使用国家明令禁止的农业投入品。农业投入品生产者、销售者和使用者应当及时回收农药、肥料等农业投入品的包装废弃物和农用薄膜，并将农药包装废弃物交由专门的机构或者组织进行无害化处理。具体办法由国务院农业农村主管部门会同国务院生态环境等主管部门制定。国家采取措施，鼓励、支持单位和个人回收农业投入品包装废弃物和农用薄膜。”

6. √，解析：根据《土壤污染防治法》第32条。
7. √，解析：根据《土壤污染防治法》第33条。
8. √，解析：根据《土壤污染防治法》第57条。
9. ×，解析：根据《土壤污染防治法》第67条规定：“土壤污染重点监管单位生产经营用地的用途变更或者在其土地使用权收回、转让前，应当由土地使用权人按照规定进行土壤污染状况调查。土壤污染状况调查报告应当作为不动产登记资料送交地方人民政府不动产登记机构，并报地方人民政府生态环境主管部门备案。”
10. √，解析：根据《土壤污染防治法》第78条规定：“企业事业单位和其他生产经营者违反法律法规规定排放有毒有害物质，造成或者可能造成严重土壤污染的，或者有关证据可能灭失或者被隐匿的，生态环境主管部门和其他负有土壤污染防治监督管理职责的部门，可以查封、扣押有关设施、设备、物品。”

**（二）单项选择题**

1. A，解析：根据《土壤污染防治法》第11条规定：“县级以上人民政府应当将土壤污染防治工作纳入国民经济和社会发展规划、环境保护规划。设区的市级以上地方人民政府生态环境主管部门应当会同发展改革、农业农村、自然资源、住房城乡建设、林业草原等主管部门，根据环境保护规划要求、土地用途、土壤污染状况普查和监测结果等，编制土壤污染防治规划，报本级人民政府批准后公布实施。”
2. D，解析：根据《土壤污染防治法》第63条规定：“对建设用地土壤污染风险管控和修复名录中的地块，地方人民政府生态环境主管部门可以根据实际情况采取下列风险管控措施：（一）提出划定隔离区域的建议，报本级人民政府批准后实施；（二）进行土壤及地下水污染状况监测；（三）其他风险管控措施。”
3. A，解析：根据《土壤污染防治法》第75条规定：“县级以上人民政府应当将土壤污染防治情况纳入环境状况和环境保护目标完成情况年度报告，向本级人民代表大会或者人民代表大会常务委员会报告。”
4. C，解析：根据《土壤污染防治法》第85条规：“地方各级人民政府、生态环境主管部门或者其他负有土壤污染防治监督管理职责的部门未依照本法规定履行职责的，对直接负责的主管人员和其他直接责任人员依法给予处分。依照本法规定应当作出行政处罚决定而未作出的，上级主管部门可以直接作出行政处罚决定。”

**（三）多项选择题**

1. ABCD，解析：根据《土壤污染防治法》第3条规定：“土壤污染防治应当坚持预防为主、保护优先、分类管理、风险管控、污染担责、公众参与的原则”。
2. ABCD，解析：根据《土壤污染防治法》第17条规定，地方人民政府生态环境主管部门应当会同自然资源主管部门对下列建设用地地块进行重点监测：（一）曾用于生产、使用、贮存、回收、处置有毒有害物质的；（二）曾用于固体废物堆放、填埋的；（三）曾发生过重大、特大污染事故的；（四）国务院生态环境、自然资源主管部门规定的其他情形。”
3. ABCD，解析：根据《土壤污染防治法》第29条规定：“国家鼓励和支持农业生产者采取下列措施：（一）使用低毒、低残留农药以及先进喷施技术；（二）使用符合标准的有机肥、高效肥；（三）采用测土配方施肥技术、生物防治等病虫害绿色防控技术；（四）使用生物可降解农用薄膜；（五）综合利用秸秆、移出高富集污染物秸秆；（六）按照规定对酸性土壤等进行改良。”
4. ABCD，解析：根据《土壤污染防治法》第37条规定：“实施土壤污染风险评估活动，应当编制土壤污染风险评估报告。土壤污染风险评估报告应当主要包括下列内容：（一）主要污染物状况；（二）土壤及地下水污染范围；（三）农产品质量安全风险、公众健康风险或者生态风险；（四）风险管控、修复的目标和基本要求等。”
5. ABCD，解析：根据《土壤污染防治法》第70条规定：“各级人民政府应当加强对土壤污染的防治，安排必要的资金用于下列事项：（一）土壤污染防治的科学技术研究开发、示范工程和项目；（二）各级人民政府及其有关部门组织实施的土壤污染状况普查、监测、调查和土壤污染责任人认定、风险评估、风险管控、修复等活动；（三）各级人民政府及其有关部门对涉及土壤污染的突发事件的应急处置；（四）各级人民政府规定的涉及土壤污染防治的其他事项。使用资金应当加强绩效管理和审计监督，确保资金使用效益。”

**（四）填空题**

1. 土壤资源永续利用、生态文明建设。（《土壤污染防治法》第 1 条）
2. 生产者；销售者；使用者；无害化处理。（《土壤污染防治法》第 30 条）
3. 土地复垦；土壤改良；造地和绿化。（《土壤污染防治法》第 33 条）
4. 财政；税收；价格；金融。（《土壤污染防治法》第 69 条）

# 三十五、环境保护法

## （一）判断题

1. 各级人民政府应当加强环境保护宣传和普及工作，鼓励基层群众性自治组织、社会组织、环境保护志愿者开展环境保护法律法规和环境保护知识的宣传，营造保护环境的良好风气。（　　）
2. 县级以上地方人民政府环境保护主管部门会同有关部门，根据国家环境保护规划的要求，编制本行政区域的环境保护规划，报上一级环境保护主管部门批准并公布实施。（　　）
3. 未依法进行环境影响评价的开发利用规划，不得组织实施；未依法进行环境影响评价的建设项目，不得开工建设。（　　）
4. 省、自治区、直辖市人民政府对国家环境质量标准中未作规定的项目，可以制定地方环境质量标准；对国家环境质量标准中已作规定的项目，可以制定严于国家环境质量标准的地方环境质量标准。地方环境质量标准应当报国务院环境保护主管部门备案。（　　）
5. 国家实行重点污染物排放总量控制制度。重点污染物排放总量控制指标由国务院下达，省、市、县人民政府分解落实。（　　）

## （二）单项选择题

1. 关于污染物排放标准，下列哪一项说法是错误的？（　　）

   A. 国务院环境保护主管部门制定国家污染物排放标准。

   B. 县级以上人民政府对国家污染物排放标准中未作规定的项目，可以制定地方污染物排放标准

   C. 对国家污染物排放标准中已作规定的项目，可以制定严于国家污染物排放标准的地方污染物排放标准

   D. 地方污染物排放标准应当报国务院环境保护主管部门备案

2. 关于排污费，下列说法不正确的是：(　　)
   A. 排放污染物的企业事业单位和其他生产经营者应当缴纳
   B. 排污费应当全部专项用于环境污染防治
   C. 按照排污许可证的要求排放污染物可以免征排污费
   D. 依照法律规定征收环境保护税的，不再重复征收
3. 应当由(　　)建立环境污染公共监测预警机制，组织制定预警方案。
   A. 国务院
   B. 省自治区直辖市政府
   C. 市政府环保部门
   D. 县级以上人民政府
4. 关于生态保护补偿制度，下列哪一说法是不正确的？(　　)
   A. 国家加大对生态保护地区的财政转移支付力度
   B. 有关地方人民政府应当落实生态保护补偿资金，确保其用于生态保护补偿
   C. 必须按照市场规则进行生态保护补偿
   D. 受益地区和生态保护地区人民政府均应在国家指导下进行生态保护补偿

## (三) 多项选择题

1. 国家建立跨行政区域的重点区域、流域环境污染和生态破坏联合防治协调机制，实行(　　)措施。
   A. 统一规划　　B. 统一标准
   C. 统一监测　　D. 统一的防治措施
2. 国家在(　　)划定生态保护红线，实行严格保护。
   A. 重点生态功能区
   B. 重要的水源涵养区
   C. 生态环境敏感区和脆弱区
   D. 珍稀、濒危的野生动植物自然分布区域
3. 关于县级以上人民政府环境保护主管部门的职责，下列选项正确的是：(　　)
   A. 依法公开环境质量、环境监测、突发环境事件

B. 环境行政许可、行政处罚、排污费的征收和使用情况等信息
C. 本行政区域环境保护工作实施统一监督管理
D. 查封、扣押造成污染物排放的设施、设备

4. 关于环境质量标准的制定，下列说法正确的是：（　　）
A. 国家环境质量标准由国务院环境保护主管部门制定
B. 省、自治区、直辖市可以对国家环境质量标准中未作规定的项目制定地方环境质量标准
C. 地方环境质量标准可以低于国家环境质量标准
D. 地方环境质量标准应当报上一级政府备案

5. 建设项目中防治污染的设施应当与主体工程(　　)。
A. 同时设计　　B. 同时审批
C. 同时施工　　D. 同时投产使用

## （四）填空题

1. 每年____月____日为环境日。
2. 国务院环境保护主管部门根据____和____，制定国家污染物排放标准。
3. 对超过国家重点污染物排放总量控制指标或者未完成国家确定的环境质量目标的地区，____人民政府环境保护主管部门应当____审批其新增重点污染物排放总量的建设项目环境影响评价文件。
4. 重点排污单位应当如实向社会公开其主要污染物的名称、____、排放浓度和总量、超标排放情况，以及____的建设和运行情况，接受社会监督。
5. 违反《环境保护法》规定，重点排污单位____或者____环境信息的，由县级以上地方人民政府环境保护主管部门责令公开，处以罚款，并予以公告。

## （五）简答题

简述国家重点污染物排放总量控制制度。

# 参考答案

## （一）判断题

1. √，解析：根据《环境保护法》第 9 条第 1 规定。
2. ×，解析：根据《环境保护法》第 13 条第 3 款规定，县级以上地方人民政府环境保护主管部门会同有关部门，根据国家环境保护规划的要求，编制本行政区域的环境保护规划，报同级人民政府批准并公布实施。
3. √，解析：根据《环境保护法》第 19 条规定。
4. √，解析：根据《环境保护法》第 15 条第 2 款规定。
5. ×，解析：根据《环境保护法》第 44 条第 1 款规定，国家实行重点污染物排放总量控制制度。重点污染物排放总量控制指标由国务院下达，省、自治区、直辖市人民政府分解落实。

## （二）单项选择题

1. B，解析：根据《环境保护法》第 16 条规定，国务院环境保护主管部门根据国家环境质量标准和国家经济、技术条件，制定国家污染物排放标准。省、自治区、直辖市人民政府对国家污染物排放标准中未作规定的项目，可以制定地方污染物排放标准；对国家污染物排放标准中已作规定的项目，可以制定严于国家污染物排放标准的地方污染物排放标准。地方污染物排放标准应当报国务院环境保护主管部门备案。
2. C，解析：根据《环境保护法》第 43 条规定，排放污染物的企业事业单位和其他生产经营者，应当按照国家有关规定缴纳排污费。排污费应当全部专项用于环境污染防治，任何单位和个人不得截留、挤占或者挪作他用。依照法律规定征收环境保护税的，不再征收排污费。A、B、D 项正确，故 C 项当选。
3. D，解析：根据《环境保护法》第 47 条第 2 款规定，县级以上人民政府应当建立环境污染公共监测预警机制，组织制定预警方案；环境受到污染，可能影响公众健康和环境安全时，依法及时公布预警信息，启动应急措施。C 项正确。
4. C，解析：根据《环境保护法》第 31 条规定，国家建立、健全生态保护补偿制度。国家加大对生态保护地区的财政转移支付力度。有关地方人民政府应当落实生态保护补偿资金，确保其用于生态保护补偿。国家指导受益地区和生态保护地区人民政府通过协商或者按照市场规则进行生态保护补偿。

（三）多项选择题

1. ABCD，解析：根据《环境保护法》第20条第1款规定，国家建立跨行政区域的重点区域、流域环境污染和生态破坏联合防治协调机制，实行统一规划、统一标准、统一监测、统一的防治措施。
2. AC，解析：根据《环境保护法》第29条第1款规定，国家在重点生态功能区、生态环境敏感区和脆弱区等区域划定生态保护红线，实行严格保护。
3. ABCD，解析：根据《环境保护法》第54条第2款规定，县级以上人民政府环境保护主管部门和其他负有环境保护监督管理职责的部门，应当依法公开环境质量、环境监测、突发环境事件以及环境行政许可、行政处罚、排污费的征收和使用情况等信息。A、B项正确。根据《环境保护法》第10条第1款规定，县级以上地方人民政府环境保护主管部门，对本行政区域环境保护工作实施统一监督管理。C项正确。根据《环境保护法》第25条规定，企业事业单位和其他生产经营者违反法律法规规定排放污染物，造成或者可能造成严重污染的，县级以上人民政府环境保护主管部门和其他负有环境保护监督管理职责的部门，可以查封、扣押造成污染物排放的设施、设备。D项正确。
4. AB，解析：根据《环境保护法》第15条规定，国务院环境保护主管部门制定国家环境质量标准。省、自治区、直辖市人民政府对国家环境质量标准中未作规定的项目，可以制定地方环境质量标准；对国家环境质量标准中已作规定的项目，可以制定严于国家环境质量标准的地方环境质量标准。地方环境质量标准应当报国务院环境保护主管部门备案。
5. ACD，解析：根据《环境保护法》第41条规定，建设项目中防治污染的设施，应当与主体工程同时设计、同时施工、同时投产使用。防治污染的设施应当符合经批准的环境影响评价文件的要求，不得擅自拆除或者闲置。

（四）填空题

1. 6；5。（《环境保护法》第12条）
2. 国家环境质量标准；国家经济、技术条件。（《环境保护法》第16条）
3. 省级以上；暂停。（《环境保护法》第44条）
4. 排放方式；防治污染设施。（《环境保护法》第55条）
5. 不公开；不如实公开。（《环境保护法》第62条）

### （五）简答题

答：根据《环境保护法》第 44 条的规定，国家实行重点污染物排放总量控制制度。重点污染物排放总量控制指标由国务院下达，省、自治区、直辖市人民政府分解落实。企业事业单位在执行国家和地方污染物排放标准的同时，应当遵守分解落实到本单位的重点污染物排放总量控制指标。

对超过国家重点污染物排放总量控制指标或者未完成国家确定的环境质量目标的地区，省级以上人民政府环境保护主管部门应当暂停审批其新增重点污染物排放总量的建设项目环境影响评价文件。

# 三十六、环境保护税法

## （一）判断题

1. 依法设立的城乡污水集中处理、生活垃圾集中处理场所超过国家和地方规定的排放标准向环境排放应税污染物的，无需缴纳环境保护税。企业事业单位和其他生产经营者贮存或者处置固体废物不符合国家和地方环境保护标准的，应当缴纳环境保护税。（　　）
2. 应税大气污染物和水污染物的具体适用税额的确定和调整，由省、自治区、直辖市人民政府统筹考虑本地区环境承载能力、污染物排放现状和经济社会生态发展目标要求，在《环境保护税法》所附《环境保护税税目税额表》规定的税额幅度内提出，报人民代表大会常务委员会决定，并报全国人民代表大会常务委员会备案。（　　）
3. 每一排放口或者没有排放口的应税大气污染物，按照污染当量数从大到小排序，对前三项污染物征收环境保护税。每一排放口的应税水污染物，按照《环境保护税法》所附《应税污染物和当量值表》，区分第一类水污染物和其他类水污染物，按照污染当量数从大到小排序，对第一类水污染物按照前五项征收环境保护税，对其他类水污染物按照前三项征收环境保护税。（　　）
4. 县级以上地方人民政府应当建立税务机关、生态环境主管部门和其他相关单位分工协作工作机制，加强环境保护税征收管理，保障税款及时足额入库。
5. 纳税人应当向应税污染物排放地的税务机关申报缴纳环境保护税。（　　）
6. 环境保护税按月计算，按季申报缴纳。也可以按固定期限计算缴纳的，可以按次申报缴纳。纳税人申报缴纳时，应当向税务机关报送所排放应税污染物的种类、数量，大气污染物、水污染物的浓度值，以及税务机关根据实际需要要求纳税人报送的其他纳税资料。（　　）

7. 纳税人从事海洋工程向中华人民共和国管辖海域排放应税大气污染物、水污染物或者固体废物，申报缴纳环境保护税的具体办法，由国务院税务主管部门会同国务院生态环境主管部门规定。（　　）

## （二）单项选择题

1. 在中华人民共和国领域和中华人民共和国管辖的（　　），直接向环境排放应税污染物的企业事业单位和其他生产经营者为环境保护税的纳税人，应当依照本法规定缴纳环境保护税。

A. 其他海域　　B. 领空

C. 领地　　D. 领域

2. 下列哪种情形，不暂予免征环境保护税？（　　）

A. 依法设立的城乡污水集中处理、生活垃圾集中处理场所排放相应应税污染物，不超过国家和地方规定的排放标准的

B. 机动车、铁路机车、非道路移动机械、船舶和航空器等流动污染源排放应税污染物的

C. 纳税人综合利用的固体废物，符合国家和地方环境保护标准的

D. 规模化养殖排放应税污染物的

3. 税务机关发现纳税人的纳税申报数据资料异常或者纳税人未按照规定期限办理纳税申报的，可以提请生态环境主管部门进行复核，生态环境主管部门应当自收到税务机关的数据资料之日起（　　）日内向税务机关出具复核意见。税务机关应当按照生态环境主管部门复核的数据资料调整纳税人的应纳税额。

A. 30　　B. 5

C. 15　　D. 70

4. 下列用语的含义错误的是：（　　）

A. 污染当量，是指根据污染物或者污染排放活动对环境的有害程度以及处理的技术经济性，衡量不同污染物对环境污染的综合性指标或者计量单位。同一介质相同污染当量的不同污染物，其污染程度基本相当

B. 排污系数，是指在正常技术经济和管理条件下，生产单位产品所应排放的污染物量的统计平均值

C. 物料衡算，是指根据物质质量守恒原理对生产过程中使用的原料、生产的产品和产生的废物等进行测算的一种方法

**D. 排污系数，是指在正常技术经济和管理条件下，生产单位产品所应排放的污染物量的统计差异值**

## （三）多项选择题

1. 下列哪些情形不属于直接向环境排放污染物，不缴纳相应污染物的环境保护税：（　　）

A. 企业事业单位和其他生产经营者向依法设立的污水集中处理、生活垃圾集中处理场所排放应税污染物的

B. 企业事业单位和其他生产经营者向污水集中处理场所排放应税污染物的

C. 企业事业单位和其他生产经营者在符合国家和地方环境保护标准的设施、场所贮存或者处置固体废物的

D. 企业事业单位和其他生产经营者在符合国家和地方环境保护标准的设施、场所贮存或者放置固体废物的

2. 应税污染物的计税依据，按照下列方法确定：（　　）

A. 应税大气污染物按照污染物排放量折合的污染当量数确定

B. 应税水污染物按照污染物排放量折合的污染当量数确定

C. 应税固体废物按照固体废物的排放量确定

D. 应税噪声按照超过国家规定标准的分贝数确定

3. 应税大气污染物、水污染物、固体废物的排放量和噪声的分贝数，按照下列方法和顺序计算：（　　）

A. 纳税人安装使用符合国家规定和监测规范的污染物自动监测设备的，按照污染物自动监测数据计算

B. 纳税人未安装使用污染物自动监测设备的，按照监测机构出具的符合国家有关规定和监测规范的监测数据计算

C. 因排放污染物种类多等原因不具备监测条件的，按照国务院生态环境主管部门规定的排污系数、物料衡算方法计算

D. 不能按照《环境保护税法》第10条第1项至第3项规定的方法计算

的，按照省、自治区、直辖市人民政府生态环境主管部门规定的抽样测算的方法核定计算

4. 环境保护税应纳税额按照下列方法计算：（　　）

A. 应税大气污染物的应纳税额为污染当量数乘以具体适用税额

B. 应税水污染物的应纳税额为污染当量数乘以具体适用税额

C. 应税固体废物的应纳税额为固体废物排放量乘以具体适用税额

D. 应税噪声的应纳税额为超过国家规定标准的分贝数对应的具体适用税额

## （四）填空题

1.《环境保护税法》所称应税污染物，是指其所附《环境保护税税目税额表》、《应税污染物和当量值表》规定的____、____、____和____。

2. 应税大气污染物、水污染物的污染当量数，以该污染物的____除以该污染物的____计算。每种应税大气污染物、水污染物的____，依照《中华人民共和国环境保护税法》法所附《应税污染物和当量值表》执行。

3. 纳税人排放应税大气污染物或者水污染物的浓度值低于国家和地方规定的污染物排放标准30%的，减按75%征收____。纳税人排放应税大气污染物或者水污染物的浓度值低于国家和地方规定的污染物排放标准50%的，减按50%征收____。

4. 生态环境主管部门和税务机关应当建立涉税信息共享平台和工作配合机制。生态环境主管部门应当将排污单位的排污许可、污染物排放数据、环境违法和受行政处罚情况等环境保护相关信息，定期交送____。税务机关应当将纳税人的纳税申报、税款入库、减免税额、欠缴税款以及风险疑点等环境保护税____，定期交送____。

5. 纳税人按季申报缴纳的，应当自季度终了之日起____内，向税务机关办理纳税申报并缴纳税款。纳税人按次申报缴纳的，应当自纳税义务____起____内，向税务机关办理纳税申报并缴纳税款。

6. 依照规定核定计算污染物排放量的，由____会同生态环境主管部门核定污染物排放____、____和____。

7. 各级人民政府应当鼓励纳税人加大____投入，对纳税人用于____自动监测设备的投资予以____支持。

8. 直接向环境排放____的企业事业单位和其他生产经营者，除依照《环境保护税法》规定缴纳____外，应当对所造成的损害依法承担责任。

# 参考答案

**（一）判断题**

1. ×，解析：根据《环境保护税法》第 5 条。
2. ×，解析：根据《环境保护税法》第 6 条。
3. √，解析：根据《环境保护税法》第 9 条。
4. √，解析：根据《环境保护税法》第 14 条。
5. √，解析：根据《环境保护税法》第 17 条。
6. ×，解析：根据《环境保护税法》第 18 条。
7. √，解析：根据《环境保护税法》第 22 条。

**（二）单项选择题**

1. A，解析：根据《环境保护税法》第 2 条规定：“在中华人民共和国领域和中华人民共和国管辖的其他海域，直接向环境排放应税污染物的企业事业单位和其他生产经营者为环境保护税的纳税人，应当依照本法规定缴纳环境保护税。”
2. D，解析：根据《环境保护税法》第 12 条规定：“下列情形，暂予免征环境保护税：（一）农业生产（不包括规模化养殖）排放应税污染物的；（二）机动车、铁路机车、非道路移动机械、船舶和航空器等流动污染源排放应税污染物的；（三）依法设立的城乡污水集中处理、生活垃圾集中处理场所排放相应应税污染物，不超过国家和地方规定的排放标准的；（四）纳税人综合利用的固体废物，符合国家和地方环境保护标准的；（五）国务院批准免税的其他情形。”
3. C，解析：根据《环境保护税法》第 20 条规定：“税务机关发现纳税人的纳税申报数据资料异常或者纳税人未按照规定期限办理纳税申报的，可以提请生态环境主管部门进行复核，生态环境主管部门应当自收到税务机关的数据资料之日起十五日内向税务机关出具复核意见。税务机关应当按照生态环境主管部门复核的数据资料调整纳税人的应纳税额。”
4. D，解析：根据《环境保护税法》第 25 条规定：“本法下列用语的含义：（一）污染当量，是指根据污染物或者污染排放活动对环境的有害程度以及处理的技术经济性，衡量不同污染物对环境污染的综合性指标或者计量单位。同一介质相同污染当量的不同污染物，其污染程度基本相当。（二）排污系数，是指在正常技术经济和管理条件下，生产单位产品所应排放的污染物量的统计平均值。（三）物料衡算，是指根据物质质量守恒原理对生产过程中使用的原料、生产的产品和产生的废物等进行测算的一种方法。”

**（三）多项选择题**

1. AC，解析：根据《环境保护税法》第4条规定：“有下列情形之一的，不属于直接向环境排放污染物，不缴纳相应污染物的环境保护税：（一）企业事业单位和其他生产经营者向依法设立的污水集中处理、生活垃圾集中处理场所排放应税污染物的；（二）企业事业单位和其他生产经营者在符合国家和地方环境保护标准的设施、场所贮存或者处置固体废物的。”
2. ABCD，解析：根据《环境保护税法》第7条规定：“应税污染物的计税依据，按照下列方法确定：（一）应税大气污染物按照污染物排放量折合的污染当量数确定；（二）应税水污染物按照污染物排放量折合的污染当量数确定；（三）应税固体废物按照固体废物的排放量确定；（四）应税噪声按照超过国家规定标准的分贝数确定。”
3. ABCD，解析：根据《环境保护税法》第10条规定：“应税大气污染物、水污染物、固体废物的排放量和噪声的分贝数，按照下列方法和顺序计算：（一）纳税人安装使用符合国家规定和监测规范的污染物自动监测设备的，按照污染物自动监测数据计算；（二）纳税人未安装使用污染物自动监测设备的，按照监测机构出具的符合国家有关规定和监测规范的监测数据计算；（三）因排放污染物种类多等原因不具备监测条件的，按照国务院生态环境主管部门规定的排污系数、物料衡算方法计算；（四）不能按照本条第一项至第三项规定的方法计算的，按照省、自治区、直辖市人民政府生态环境主管部门规定的抽样测算的方法核定计算。”
4. ABCD，解析：根据《环境保护税法》第11条规定：“环境保护税应纳税额按照下列方法计算：（一）应税大气污染物的应纳税额为污染当量数乘以具体适用税额；（二）应税水污染物的应纳税额为污染当量数乘以具体适用税额；（三）应税固体废物的应纳税额为固体废物排放量乘以具体适用税额；（四）应税噪声的应纳税额为超过国家规定标准的分贝数对应的具体适用税额。”

（四）填空题

1. 大气污染物；水污染物；固体废物；噪声。（《环境保护税法》第 3 条）
2. 排放量；污染当量值；具体污染当量值。（《环境保护税法》第 8 条）
3. 环境保护税；环境保护税。（《环境保护税法》第 13 条）
4. 税务机关；涉税信息；生态环境主管部门。（《环境保护税法》第 15 条）
5. 15 日；发生之日；15 日。（《环境保护税法》第 19 条）
6. 税务机关；种类；数量；应纳税额。（《环境保护税法》第 21 条）
7. 环境保护建设；污染物；资金和政策。（《环境保护税法》第 24 条）
8. 应税污染物；环境保护税。（《环境保护税法》第 26 条）

# 三十七、反家庭暴力法

## （一）判断题

1. 家庭暴力是个人的责任，与国家无关。（　　）
2. 乡镇人民政府、街道办事处应当组织开展家庭暴力预防工作，居民委员会、村民委员会、社会工作服务机构应当予以配合协助。（　　）
3. 各级人民政府应当支持社会工作服务机构等社会组织开展心理健康咨询、家庭关系指导、家庭暴力预防知识教育等服务。（　　）
4. 家庭暴力受害人及其法定代理人、近亲属可以向加害人或者受害人所在单位、居民委员会、村民委员会、妇女联合会等单位投诉、反映或者求助。有关单位接到家庭暴力投诉、反映或者求助后，应当给予帮助、处理。（　　）
5. 家庭暴力情节较轻，依法不给予治安管理处罚的，公安机关不对其进行任何处罚。（　　）
6. 居民委员会、村民委员会、公安派出所应当对收到告诫书的加害人、受害人进行查访，监督加害人不再实施家庭暴力。（　　）
7. 法律援助机构应可以依法为家庭暴力受害人提供法律援助。（　　）
8. 监护人实施家庭暴力严重侵害被监护人合法权益的，人民法院可以根据被监护人的近亲属、居民委员会、村民委员会、县级人民政府民政部门等有关人员或者单位的申请，依法撤销其监护人资格，另行指定监护人。（　　）
9. 当事人因遭受家庭暴力或者面临家庭暴力的现实危险，向人民法院申请人身安全保护令的，人民法院不应当受理。（　　）
10. 人身安全保护令案件由申请人或者被申请人居住地、家庭暴力发生地的人民法院管辖。（　　）
11. 申请人对驳回申请不服或者被申请人对人身安全保护令不服的，可以自裁定生效之日起 5 日内向作出裁定的人民法院申请复议一次。人民法院

依法作出人身安全保护令的，复议期间不停止人身安全保护令的执行。（　　）

12. 学校、幼儿园、医疗机构、居民委员会、村民委员会、社会工作服务机构、救助管理机构、福利机构及其工作人员向公安机关报案，造成严重后果的，由上级主管部门或者本单位对直接负责的主管人员和其他直接责任人员依法给予处分。（　　）

## （二）单项选择题

1. 以下哪一单位不参与负责反家庭暴力的工作？（　　）

A. 司法机关　　B. 社区医院

C. 居民委员会　　D. 人民政府有关部门

2. 学校、幼儿园、医疗机构、居民委员会、村民委员会、社会工作服务机构、救助管理机构、福利机构及其工作人员在工作中发现无民事行为能力人、限制民事行为能力人遭受或者疑似遭受家庭暴力的，应当（　　）。公安机关应当对报案人的信息予以保密。

A. 进行劝阻　　B. 熟视无睹

C. 及时向公安机关报案　　D. 帮助弱势一方

3. 无民事行为能力人、限制民事行为能力人因家庭暴力身体受到严重伤害、面临人身安全威胁或者处于无人照料等危险状态的，公安机关应当（　　）。

A. 协助就医、鉴定伤情

B. 交由其他监护人照顾

C. 交由妇联组织负责照料看护

D. 通知并协助民政部门将其安置到临时庇护场所、救助管理机构或者福利机构

4. 以下哪个选项不可以成为人民法院审理涉及家庭暴力的案件的证据，认定家庭暴力事实？（　　）

A. 公安机关出警记录　　B. 受害人陈述

C. 告诫书　　D. 伤情鉴定意见

5. 当事人是无民事行为能力人、限制民事行为能力人，或者因受到强制、

威吓等原因无法申请人身安全保护令的，其近亲属、公安机关、妇女联合会、居民委员会、村民委员会、救助管理机构不可以由(　　)申请。

A. 人民法院　　B. 居民委员会

C. 其近亲属　　D. 公安机关

6. 负有反家庭暴力职责的(　　)玩忽职守、滥用职权、徇私舞弊的，依法给予处分；构成犯罪的，依法追究刑事责任。

A. 国家工作人员　　B. 人民法官

C. 人民检察官　　D. 人民警察

## （三）多项选择题

1. 以下哪些行为属于家庭暴力的范畴：(　　)

A. 殴打　　B. 捆绑

C. 限制人身自由　　D. 恐吓

2. 反家庭暴力法中对以下哪些群体应当给予特殊保护？(　　)

A. 未成年人　　B. 老年人

C. 残疾人　　D. 妇女

3. 以下哪些途径应当开展家庭美德和反家庭暴力宣传的工作？(　　)

A. 广播　　B. 电视

C. 报刊　　D. 网络

4. 作出人身安全保护令，应当具备下列哪些条件？(　　)

A. 有被家暴前科

B. 有明确的被申请人

C. 有具体的请求

D. 有遭受家庭暴力或者面临家庭暴力现实危险的情形

5. 人身安全保护令可以包括下列哪些措施？(　　)

A. 禁止被申请人实施家庭暴力

B. 禁止被申请人骚扰、跟踪、接触申请人及其相关近亲属

C. 责令被申请人迁出申请人住所

D. 保护申请人人身安全的其他措施

6. 人民法院作出人身安全保护令后，应当送达(　　)。人身安全保护令由

人民法院执行，公安机关以及居民委员会、村民委员会等应当协助执行。

A 申请人　　B. 被申请人
C. 公安机关　　D. 居民委员会、村民委员会

## （四）填空题

1. 国家____家庭美德宣传教育，____反家庭暴力知识，____公民反家庭暴力意识。
2. 人民调解组织应当依法调解家庭纠纷，____和____家庭暴力的发生。
3. 未成年人的____应当以文明的方式进行家庭教育，依法履行____和____职责，不得实施家庭暴力。
4. 县级或者设区的市级人民政府可以单独或者依托救助管理机构设立____，为家庭暴力受害人提供____生活帮助。
5. 工会、共产主义青年团、妇女联合会、残疾人联合会、居民委员会、村民委员会等应当对实施家庭暴力的加害人进行____，必要时可以对加害人、受害人进行____。
6. 申请人身安全保护令应当以____提出；____确有困难的，可以____，由人民法院记入笔录。
7. 人身安全保护令由____以____形式作出。
8. 人民法院受理申请后，应当在72小时内作出____或者____申请；情况紧急的，应当在24小时内作出。
9. 人身安全保护令的有效期不超过6个月，自作出之日起生效。人身安全保护令失效前，人民法院可以根据申请人的申请____、____或者____。
10. 加害人实施家庭暴力，构成违反治安管理行为的，依法给予____；构成犯罪的，依法追究____。
11. 被申请人违反人身安全保护令，构成犯罪的，依法追究____；尚不构成犯罪的，人民法院应当给予____，可以根据情节轻重处以1000元以下罚款、15日以下____。

# 参考答案

## （一）判断题

1. ×，解析：根据《反家庭暴力法》第 3 条。
2. √，解析：根据《反家庭暴力法》第 8 条。
3. √，解析：根据《反家庭暴力法》第 9 条。
4. √，解析：根据《反家庭暴力法》第 13 条。
5. ×，解析：根据《反家庭暴力法》第 16 条。
6. √，解析：根据《反家庭暴力法》第 17 条。
7. ×，解析：根据《反家庭暴力法》第 19 条。
8. √，解析：根据《反家庭暴力法》第 21 条。
9. ×，解析：根据《反家庭暴力法》第 23 条。
10. ×，解析：根据《反家庭暴力法》第 25 条。
11. √，解析：根据《反家庭暴力法》第 31 条。
12. √，解析：根据《反家庭暴力法》第 35 条。

## （二）单项选择题

1. B，解析：根据《反家庭暴力法》第 4 条规定："县级以上人民政府有关部门、司法机关、人民团体、社会组织、居民委员会、村民委员会、企业事业单位，应当依照本法和有关法律规定，做好反家庭暴力工作。"
2. C，解析：根据《反家庭暴力法》第 14 条规定："学校、幼儿园、医疗机构、居民委员会、村民委员会、社会工作服务机构、救助管理机构、福利机构及其工作人员在工作中发现无民事行为能力人、限制民事行为能力人遭受或者疑似遭受家庭暴力的，应当及时向公安机关报案。公安机关应当对报案人的信息予以保密。"
3. D，解析：根据《反家庭暴力法》第 15 条规定："无民事行为能力人、限制民事行为能力人因家庭暴力身体受到严重伤害、面临人身安全威胁或者处于无人照料等危险状态的，公安机关应当通知并协助民政部门将其安置到临时庇护场所、救助管理机构或者福利机构。"
4. B，解析：根据《反家庭暴力法》第 20 条规定："人民法院审理涉及家庭暴力的案件，可以根据公安机关出警记录、告诫书、伤情鉴定意见等证据，认定家庭暴力事实。"

5. A，解析：根据《反家庭暴力法》第22条规定：“当事人是无民事行为能力人、限制民事行为能力人，或者因受到强制、威吓等原因无法申请人身安全保护令的，其近亲属、公安机关、妇女联合会、居民委员会、村民委员会、救助管理机构可以代为申请。”
6. A，解析：根据《反家庭暴力法》第36条规定：“负有反家庭暴力职责的国家工作人员玩忽职守、滥用职权、徇私舞弊的，依法给予处分；构成犯罪的，依法追究刑事责任。”

**（三）多项选择题**

1. ABCD，根据《反家庭暴力法》第2条规定：“本法所称家庭暴力，是指家庭成员之间以殴打、捆绑、残害、限制人身自由以及经常性谩骂、恐吓等方式实施的身体、精神等侵害行为。”
2. ABC，根据《反家庭暴力法》第5条规定：“反家庭暴力工作应当尊重受害人真实意愿，保护当事人隐私。未成年人、老年人、残疾人、孕期和哺乳期的妇女、重病患者遭受家庭暴力的，应当给予特殊保护。”
3. ABCD，根据《反家庭暴力法》第6条规定：“广播、电视、报刊、网络等应当开展家庭美德和反家庭暴力宣传。”
4. BCD，根据《反家庭暴力法》第27条规定：“作出人身安全保护令，应当具备下列条件：（一）有明确的被申请人；（二）有具体的请求；（三）有遭受家庭暴力或者面临家庭暴力现实危险的情形。”
5. ABCD，根据《反家庭暴力法》第29条规定：“人身安全保护令可以包括下列措施：（一）禁止被申请人实施家庭暴力；（二）禁止被申请人骚扰、跟踪、接触申请人及其相关近亲属；（三）责令被申请人迁出申请人住所；（四）保护申请人人身安全的其他措施。”
6. ABCD，根据《反家庭暴力法》第32条规定：“人民法院作出人身安全保护令后，应当送达申请人、被申请人、公安机关以及居民委员会、村民委员会等有关组织。人身安全保护令由人民法院执行，公安机关以及居民委员会、村民委员会等应当协助执行。”

**（四）填空题**

1. 开展；普及；增强。（《反家庭暴力法》第6条）
2. 预防；减少。（《反家庭暴力法》第10条）
3. 监护人；监护；教育。（《反家庭暴力法》第12条）
4. 临时庇护场所；临时。（《反家庭暴力法》第18条）

5. 法治教育；心理辅导。（《反家庭暴力法》第 22 条）
6. 书面方式；书面方式；口头申请。（《反家庭暴力法》第 24 条）
7. 人民法院；裁定。（《反家庭暴力法》第 26 条）
8. 人身安全保护令；驳回。（《反家庭暴力法》第 28 条）
9. 撤销；变更；延长。（《反家庭暴力法》第 30 条）
10. 治安管理处罚；刑事责任。（《反家庭暴力法》第 33 条）
11. 刑事责任；训诫；拘留。（《反家庭暴力法》第 34 条）

# 三十八、刑　法

## （一）判断题

1. 对任何人犯罪，在适用法律上一律平等。不允许任何人有超越法律的特权。（　　）
2. 法律没有明文规定为犯罪行为的，但具有一定社会危害性，也可以比照相关法律定罪处刑。（　　）
3. 对正在进行行凶、杀人、抢劫、强奸、绑架以及其他严重危及人身安全的暴力犯罪，采取防卫行为，造成不法侵害人伤亡的，应当负刑事责任，但是应当减轻或者免除处罚。（　　）
4. 死刑缓期执行应当报请最高人民法院核准。（　　）
5. 敲诈勒索公私财物，数额较大或者多次敲诈勒索的，处 1 年以下有期徒刑、拘役或者管制。（　　）
6. 扰乱、冲击或者以其他方法破坏依法举行的集会、游行、示威，造成公共秩序混乱的，处 5 年以下有期徒刑、拘役、管制或者剥夺政治权利。（　　）

## （二）单项选择题

1. 外国人在中华人民共和国领域外对中华人民共和国国家或者公民犯罪，而按《刑法》规定的最低刑为 3 年以上有期徒刑的，可以适用《刑法》，但是按照(　　)的法律不受处罚的除外。

   A. 犯罪地　　B. 国籍国

   C. 中华人民共和国　　D. 法院地

2. 凡在中华人民共和国领域外犯罪，依照本法应当负刑事责任的，虽然经过外国审判，仍然可以依照本法追究，但是在外国已经受过刑罚处罚的，可以(　　)处罚。

   A. 免除　　B. 减轻

C. 免除或减轻　　　D. 抵消

3. 享有外交特权和豁免权的外国人的刑事责任，通过(　　)解决。

A. 所在国法律　　　B. 外交途径

C. 犯罪地法律　　　D. 派遣国法律

4. (　　)，因而构成犯罪的，是故意犯罪。

A. 应当预见自己的行为可能发生危害社会的结果，因为疏忽大意而没有预见

B. 已经预见自己的行为可能发生危害社会的结果，而轻信能够避免

C. 由于不能抗拒或者不能预见的原因引起的危害社会的结果

D. 明知自己的行为会发生危害社会的结果，并且希望或者放任这种结果发生

5. 已满75周岁的人过失犯罪的，(　　)。

A. 可以从轻或者减轻处罚

B. 应当从轻或者减轻处罚

C. 应当从轻、减轻或者免除处罚

D. 法律有规定的才负刑事责任

6. 承担民事赔偿责任的犯罪分子，同时被判处罚金，其财产不足以全部支付的，或者被判处没收财产的，应当(　　)。

A. 先没收财产

B. 先承担罚金

C. 先承担对被害人的民事赔偿责任

D. 按比例承担

7. 以下哪一项不属于人民法院对被判处死刑缓期执行的犯人限制减刑的情况？(　　)

A. 被判处死刑缓期执行的累犯

B. 因故意杀人被判处死刑缓期执行的犯罪分子

C. 因贪污罪被判处死刑缓期执行的犯罪分子

D. 因有组织的暴力性犯罪被判处死刑缓期执行的犯罪分子

8. 组织他人出卖人体器官的，处(　　)；情节严重的，处五年以上有期徒刑，并处罚金或者没收财产。

A. 3 年以下有期徒刑；并处罚金

B. 3 年以下有期徒刑或者拘役；并处或者单处罚金

**C. 5 年以下有期徒刑；并处罚金**

**D. 5 年以下有期徒刑；并处罚金或者没收财产**

9. 犯盗窃、诈骗、抢夺罪，为(　　)而当场使用暴力或者以暴力相威胁的，依照抢劫罪定罪处罚。

**A. 窝藏赃物**　　　　**B. 抗拒抓捕**

**C. 包庇他人**　　　　**D. 毁灭罪证**

## （三）多项选择题

1. 中华人民共和国刑法的任务，是用刑罚同一切犯罪行为作斗争，以保卫国家安全，保卫人民民主专政的政权和社会主义制度，保护(　　)，维护社会秩序、经济秩序，保障社会主义建设事业的顺利进行。

A. 国有财产

B. 劳动群众集体所有的财产

C. 公民私人所有的财产

D. 公民的人身权利、民主权利和其他权利

2. (　　)犯罪，可以从轻、减轻或者免除处罚。

A. 听力障碍者　　　　B. 语言障碍者

C. 又聋又哑的人　　　　D. 盲人

3. 被判处管制的犯罪分子，管制期满，执行机关应即向(　　)宣布解除管制。

A. 本人　　　　B. 受害人或受害人家属

C. 所在单位　　　　D. 居住地群众

4. 违反国家有关规定，向他人出售或者提供公民个人信息，(　　)。

A. 处 3 年以下有期徒刑或者拘役，并处或者单处罚金

B. 情节严重的，处 3 年以下有期徒刑或者拘役，并处或者单处罚金

C. 情节严重的，处 3 年以上 7 年以下有期徒刑，并处罚金

D. 情节特别严重的，处 3 年以上 7 年以下有期徒刑，并处罚金

5. 冒充(　　)招摇撞骗的，构成招摇撞骗罪。

A. 国家机关工作人员　　B. 全国人民代表大会代表

C. 人民警察　　D. 红十字会工作人员

## （四）填空题

1. 对于中止犯，____的，应当免除处罚。
2. 《刑法》所称司法工作人员，是指有____、____、____、____职责的工作人员。
3. 违反文物保护法规，将收藏的____的珍贵文物私自出售或者私自赠送给外国人的，处5年以下有期徒刑或者拘役，可以并处罚金。
4. 旅馆业等单位的人员，在公安机关查处卖淫、嫖娼活动时，为违法犯罪分子____，情节严重的，依照包庇罪的规定定罪处罚。

## （五）简答题

1. 简述刑法的溯及力。
2. 简述已满14周岁不满16周岁的人应负刑事责任的8项犯罪。
3. 简述虚假诉讼罪的处罚。

# 参考答案

### （一）判断题

1. √，解析：根据《刑法》第4条规定："对任何人犯罪，在适用法律上一律平等。不允许任何人有超越法律的特权。"
2. ×，解析：根据《刑法》第3条规定，法律明文规定为犯罪行为的，依照法律定罪处刑；法律没有明文规定为犯罪行为的，不得定罪处刑。
3. ×，解析：根据《刑法》第20条规定，为了使国家、公共利益、本人或者他人的人身、财产和其他权利免受正在进行的不法侵害，而采取的制止不法侵害的行为，对不法侵害人造成损害的，属于正当防卫，不负刑事责任。正当防卫明显超过必要限度造成重大损害的，应当负刑事责任，但是应当减轻或者免除处罚。对正在进行行凶、杀人、抢劫、强奸、绑架以及其他严重危及人身安全的暴力犯罪，采取防卫行为，造成不法侵害人伤亡的，不属于防卫过当，不负刑事责任。

4. ×，解析：根据《刑法》第48条规定，死刑只适用于罪行极其严重的犯罪分子。对于应当判处死刑的犯罪分子，如果不是必须立即执行的，可以判处死刑同时宣告缓期2年执行。死刑除依法由最高人民法院判决的以外，都应当报请最高人民法院核准。死刑缓期执行的，可以由高级人民法院判决或者核准。
5. ×，解析：根据《刑法》第274条规定：“敲诈勒索公私财物，数额较大或者多次敲诈勒索的，处三年以下有期徒刑、拘役或者管制，并处或者单处罚金；数额巨大或者有其他严重情节的，处三年以上十年以下有期徒刑，并处罚金；数额特别巨大或者有其他特别严重情节的，处十年以上有期徒刑，并处罚金。”
6. √，解析：根据《刑法》第298条规定：“扰乱、冲击或者以其他方法破坏依法举行的集会、游行、示威，造成公共秩序混乱的，处五年以下有期徒刑、拘役、管制或者剥夺政治权利。”

（二）单项选择题

1. A，解析：根据《刑法》第8条规定：“外国人在中华人民共和国领域外对中华人民共和国国家或者公民犯罪，而按本法规定的最低刑为3年以上有期徒刑的，可以适用本法，但是按照犯罪地的法律不受处罚的除外。”
2. C，解析：根据《刑法》第10条规定：“凡在中华人民共和国领域外犯罪，依照本法应当负刑事责任的，虽然经过外国审判，仍然可以依照本法追究，但是在外国已经受过刑罚处罚的，可以免除或者减轻处罚。”
3. B，解析：根据《刑法》第11条规定：“享有外交特权和豁免权的外国人的刑事责任，通过外交途径解决。”
4. D，解析：根据《刑法》第14条规定：“明知自己的行为会发生危害社会的结果，并且希望或者放任这种结果发生，因而构成犯罪的，是故意犯罪。故意犯罪，应当负刑事责任。”
5. B，解析：根据《刑法》第17条之一规定：“已满75周岁的人故意犯罪的，可以从轻或者减轻处罚；过失犯罪的，应当从轻或者减轻处罚。”
6. C，解析：根据《刑法》第36条规定：“由于犯罪行为而使被害人遭受经济损失的，对犯罪分子除依法给予刑事处罚外并应根据情况判处赔偿经济损失。承担民事赔偿责任的犯罪分子，同时被判处罚金，其财产不足以全部支付的，或者被判处没收财产的，应当先承担对被害人的民事赔偿责任。”
7. C，解析：根据《刑法》第50条规定：“判处死刑缓期执行的，在死刑缓期执行期间，如果没有故意犯罪，二年期满以后，减为无期徒刑；如果确有重大立功表现，二年期满以后，减为二十五年有期徒刑；如果故意犯罪，情节恶劣的，报请最高人民法院核准后执行死刑；对于故意犯罪未执行死刑的，死刑缓期执行的期间重新计算，并报最高人民法院备案。对被判处死刑缓期执行的累犯以及因故意杀人、强奸、抢劫、绑架、放火、爆炸、投放危险物质或者有组织的暴力性犯罪被判处死刑缓期执行的犯罪分子，人民法院根据犯罪情节等情况可以同时决定对其限制减刑。”

8. C，解析：根据《刑法》第234条之一规定：“组织他人出卖人体器官的，处五年以下有期徒刑，并处罚金；情节严重的，处五年以上有期徒刑，并处罚金或者没收财产。未经本人同意摘取其器官，或者摘取不满十八周岁的人的器官，或者强迫、欺骗他人捐献器官的，依照本法第二百三十四条、第二百三十二条的规定定罪处罚。违背本人生前意愿摘取其尸体器官，或者本人生前未表示同意，违反国家规定，违背其近亲属意愿摘取其尸体器官的，依照本法第三百零二条的规定定罪处罚。”
9. A，解析：根据《刑法》第271条规定：“公司、企业或者其他单位的人员，利用职务上的便利，将本单位财物非法占为己有，数额较大的，处五年以下有期徒刑或者拘役；数额巨大的，处五年以上有期徒刑，可以并处没收财产。贪污罪国有公司、企业或者其他国有单位中从事公务的人员和国有公司、企业或者其他国有单位委派到非国有公司、企业以及其他单位从事公务的人员有前款行为的，依照本法第三百八十二条、第三百八十三条的规定定罪处罚。”

**（三）多项选择题**

1. ABCD，解析：根据《刑法》第2条规定：“中华人民共和国刑法的任务，是用刑罚同一切犯罪行为作斗争，以保卫国家安全，保卫人民民主专政的政权和社会主义制度，保护国有财产和劳动群众集体所有的财产，保护公民私人所有的财产，保护公民的人身权利、民主权利和其他权利，维护社会秩序、经济秩序，保障社会主义建设事业的顺利进行。”
2. CD，解析：根据《刑法》第19条规定：“又聋又哑的人或盲人犯罪的刑事责任又聋又哑的人或者盲人犯罪，可以从轻、减轻或者免除处罚。”
3. ABD，解析：根据《刑法》第38条规定：“管制的期限，为三个月以上二年以下。判处管制，可以根据犯罪情况，同时禁止犯罪分子在执行期间从事特定活动，进入特定区域、场所，接触特定的人。对判处管制的犯罪分子，依法实行社区矫正。违反第二款规定的禁止令的，由公安机关依照《中华人民共和国治安管理处罚法》的规定处罚。”

**4. B，解析：根据《刑法》第244条规定：“以暴力、威胁或者限制人身自由的方法强迫他人劳动的，处三年以下有期徒刑或者拘役，并处罚金；情节严重的，处三年以上十年以下有期徒刑，并处罚金。明知他人实施前款行为，为其招募、运送人员或者有其他协助强迫他人劳动行为的，依照前款的规定处罚。单位犯前两款罪的，对单位判处罚金，并对其直接负责的主管人员和其他直接责任人员，依照第一款的规定处罚。”**

**5. AC，解析：根据《刑法》第279条规定：“冒充国家机关工作人员招摇撞骗**的，处三年以下有期徒刑、拘役、管制或者剥夺政治权利；情节严重的，处三年以上十年以下有期徒刑。冒充人民警察招摇撞骗的，依照前款的规定从重处罚。”

**（四）填空题**

1. 没有造成损害。（《刑法》第24条）
2. 侦查；检查；审判；监管。（《刑法》第94条）
3. 国家禁止出口。（《刑法》第325条）
4. 通风报信。（《刑法》第362条）

**（五）简答题**

1. 答：《刑法》第12条规定：“中华人民共和国成立以后本法施行以前的行为，如果当时的法律不认为是犯罪的，适用当时的法律；如果当时的法律认为是犯罪的，依照本法总则第四章第八节的规定应当追诉的，按照当时的法律追究刑事责任，但是如果本法不认为是犯罪或者处刑较轻的，适用本法。本法施行以前，依照当时的法律已经作出的生效判决，继续有效。”
2. 答：《刑法》第17条规定：“已满十六周岁的人犯罪，应当负刑事责任。已满十四周岁不满十六周岁的人，犯故意杀人、故意伤害致人重伤或者死亡、强奸、抢劫、贩卖毒品、放火、爆炸、投放危险物质罪的，应当负刑事责任。已满十四周岁不满十八周岁的人犯罪，应当从轻或者减轻处罚。因不满十六周岁不予刑事处罚的，责令他的家长或者监护人加以管教；在必要的时候，也可以由政府收容教养。”
3. 答：《刑法》第307条之一规定：“以捏造的事实提起民事诉讼，妨害司法秩序或者严重侵害他人合法权益的，处三年以下有期徒刑、拘役或者管制，并处或者单处罚金；情节严重的，处三年以上七年以下有期徒刑，并处罚金。

单位犯前款罪的，对单位判处罚金，并对其直接负责的主管人员和其他直接责任人员，依照前款的规定处罚。有第一款行为，非法占有他人财产或者逃避合法债务，又构成其他犯罪的，依照处罚较重的规定定罪从重处罚。司法工作人员利用职权，与他人共同实施前三款行为的，从重处罚；同时构成其他犯罪的，依照处罚较重的规定定罪从重处罚。”